C·H·Beck
PAPERBACK

Taiwan hat eine wechselvolle Geschichte, in denen sich Phasen der Zugehörigkeit zum chinesischen Festland mit Zeiten kolonialer Herrschaft ablösten. Den knapp 200 Jahren unter der Qing-Dynastie folgten von 1895 bis 1945 die Jahre unter japanischer Kolonialherrschaft. Als Folge des chinesischen Bürgerkriegs wurde Taiwan zum Rückzugsort der unterlegenen Kuomintang unter Chiang Kaishek. Lange Zeit sahen sich beide, Taiwan ebenso wie das kommunistische Regime auf dem Festland, als eigentliche Repräsentanten Chinas und erhoben Ansprüche auf das Gebiet des jeweils anderen. Inzwischen hat sich Taiwan immer mehr von Festlandchina entfernt, und ein Großteil der Bevölkerung sieht ihr Land trotz der vielschichtigen kulturellen und historischen Verflechtung als einen souveränen Staat. Gunter Schubert leuchtet die komplexe kulturelle, politische und nationale Identität Taiwans aus und macht so das schwierige Verhältnis der Inselrepublik zur Volksrepublik China auf knappem Raum verständlich.

Gunter Schubert ist seit 2003 Professor für Greater China Studies am Asien-Orient-Institut, Abteilung für Sinologie, der Eberhard Karls Universität Tübingen. Er bereist Taiwan (wie auch die Volksrepublik China und Hongkong) seit über 30 Jahren und führt dort regelmäßig Feldforschung durch. 2008 gründete er das European Research Center on Contemporary Taiwan an der Universität Tübingen und ist seitdem dessen Direktor. Er zählt zu den international renommiertesten Kennern des gegenwärtigen Taiwans.

Gunter Schubert

# *Kleine Geschichte Taiwans*

C.H.Beck

Mit 2 Karten von Peter Palm, Berlin

Originalausgabe

www.chbeck.de
Umschlaggestaltung: Konstanze Berner, München
Umschlagabbildung: Dächer eines taiwanesischen Tempels mit dem Taipei 101 Tower im Hintergrund
Satz: C.H.Beck.Media.Solutions, Nördlingen
Druck und Bindung: Druckerei C.H.Beck, Nördlingen
Printed in Germany
ISBN 978 3 406 81392 4

verantwortungsbewusst produziert
www.chbeck.de/nachhaltig

# Inhaltsverzeichnis

# Einleitung

Die Inselrepublik Taiwan, die die offizielle Bezeichnung *Republik China* trägt und in den Zeiten des Kalten Krieges im 20. Jahrhundert weithin auch als «Nationalchina» bezeichnet wurde, hat in jüngster Zeit eine enorme internationale Aufmerksamkeit auf sich gezogen. So bezeichnete die einflussreiche britische Wochenzeitschrift *The Economist* auf dem Cover ihrer Ausgabe vom 1. Mai 2021 Taiwan als «den gefährlichsten Ort auf der Welt». Hintergrund waren massive Einschüchterungsversuche der chinesischen Volksbefreiungsarmee (VBA), die mit militärischen Manövern in der Taiwanstraße – der Meerenge zwischen der Insel Taiwan und der südchinesischen Küste – die taiwanische Regierung vor den Konsequenzen eines aus der Sicht Pekings zunehmend offensiveren «Sezessionskurses» warnen wollte. Über mehrere Monate drangen Militärflugzeuge in die Luftraumüberwachungszone Taiwans ein,[1] während Kriegsschiffe der VBA sich den von Taiwan beanspruchten Hoheitsgewässern bedrohlich näherten – Gebiete freilich, die unter diesen Bezeichnungen für die Regierung in Peking gar nicht existieren, da Taiwan als integraler Bestandteil des Territoriums der Volksrepublik (VR) China gilt. Diese Aktionen hielten an und verschärften sich im August 2022, nachdem die damalige Sprecherin des US-amerikanischen Repräsentantenhauses, Nancy Pelosi, Taiwan einen Kurzbesuch abgestattet hatte. Die chinesische Regierung sah darin einen Tabubruch: Denn seit der Normalisierung der Beziehungen zwischen der VR China und den USA 1972 war es unausgesprochener Konsens zwischen beiden Staaten gewesen, dass keine Regierungsmitglieder oder führende Repräsentanten der USA Taiwan besuchen durften. Damit sollte der Eindruck vermieden werden, Taiwans Außenbeziehungen seien die eines souveränen Staates. Auch alle anderen Länder, die seit den frühen 1970er Jahren diplomatische Beziehungen zur VR China knüpften (und dafür ihre zuvor bestehenden Beziehungen zur Republik China, sofern solche bestanden, aufkündigen mussten), respektierten diese Forderung Pekings. Doch nachdem schon vor dem Besuch Pelosis der Delegationsverkehr aus dem «Westen»[2] in Richtung Taiwan deutlich zugenommen hatte, schien mit der Aktion der prominenten Demokratin nunmehr eine neue Ära eingeleitet, in der die chinakritischen Kräfte in den USA und Europa bereit und willens waren, ihre Beziehungen zu Taiwan systematisch aufzuwerten. Die chinesische Regierung reagierte mit massiven Militärmanövern rund um Taiwan, in denen scharfe Munition verwendet und erstmals auch ballistische Raketen über Taiwan hinweggeschossen wurden. Zudem sprach sie deutliche Warnungen gegenüber allen Staaten aus, deren führende politische Repräsentanten dem Beispiel Pelosis, in welcher Form auch immer, folgen würden. Die Nachricht war klar: Bis hierher und nicht weiter!

Die neue Brisanz des sino-taiwanischen Souveränitätskonflikts, oft auch als «Taiwanfrage» bezeichnet, hat unmittelbar mit den weltpolitischen Machtverschiebungen der jüngeren Vergangenheit, den daraus resultierenden Spannungen zwischen den USA und China[3], aber auch mit dem russischen Angriffskrieg gegen die Ukraine zu tun – ein Krieg, den die Regierung in Peking bisher nicht verurteilte, weil ihr die «strategische Partnerschaft» mit Russland wichtiger ist als das ihr ansonsten sakrosankte Prinzip der territorialen Integrität souveräner Staaten. Im «Westen» war es schon lange vor dem Beginn des russischen Angriffskriegs zu einem Stimmungswandel gekommen, im Zuge dessen China stark an Sympathien einbüßte und die Chinakritik allenthalben zunahm. So steht das Regime der Kommunistischen Partei (KP) Chinas seit Jahren wegen eklatanter Menschenrechtsverletzungen an der Volksgruppe der Uiguren, aber auch an anderen religiösen und ethnischen Minderheiten, sowie wegen der anhaltenden Unterdrückung von Regimegegnern und Dissidenten, NGO-Aktivisten und andern kritischen Geistern aus der chinesischen Zivilgesellschaft am Pranger. Auch unfaire Handelspraktiken und einen ausgeprägten Wirtschaftsnationalismus wirft man China vor, mit dem ausländische Wettbewerber auf dem chinesischen Markt systematisch benachteiligt würden, während chinesische Staatskonzerne und Privatunternehmen sowohl in China selbst als auch im Ausland auf massive, wettbewerbsverzerrende Unterstützung der Regierung in Peking zählen könnten. Chinas Aufstieg zu einer «Supermacht», der einhergeht mit globalen Investitionsoffensiven, etwa im Rahmen der transkontinental angelegten *Seidenstraßeninitiative*,[4] und einer systematischen Aufrüstung und Modernisierung der VBA, wird in vielen Teilen der Welt, vor allem aber im «Westen», mit Sorge beobachtet. Und es wächst die Entschlossenheit, China entgegenzutreten – zum Beispiel in der «Taiwanfrage» mit einer immer deutlicheren, wenn auch nicht expliziten Infragestellung des chinesischen Souveränitätsanspruchs über die Inselrepublik.

Niemals war die internationale Berichterstattung über Taiwan intensiver, als sie seit Beginn der Corona-Pandemie Anfang 2020 ist. Die erstaunlichen Leistungen der Inselrepublik bei der Bekämpfung des Virus waren nicht nur um ihrer selbst willen berichtenswert.[5] Taiwan, ein demokratisch verfasstes und kulturell weitgehend chinesisch geprägtes Gemeinwesen, stellte von Beginn an das Narrativ der Regierung in Peking infrage, mit den erzielten Erfolgen bei der Unterbrechung von Infektionsketten durch harte Lockdowns und Massentestungen die Leistungsfähigkeit und globale Überlegenheit des eigenen (autoritären) politischen Systems bewiesen zu haben. Spätestens nach dem Beginn des russischen Invasionskrieges in der Ukraine im Februar 2022 wurde Taiwan zur Projektionsfläche für die Entrüstung im «Westen» über die rücksichtslose Verfolgung neo-imperialer Ziele durch autokratische Regime wie in Russland und China. Taiwan dürfe nicht das gleiche Schicksal ereilen wie die Ukraine, so der Tenor im politischen Establishment und in den Medien – auch wenn die Ukraine ein souveräner Mitgliedsstaat der Vereinten Nationen ist, während die Republik China lediglich von wenigen kleineren Staaten im Globalen Süden sowie vom Vatikan anerkannt wird und seit den frühen 1970er Jahren mit dem Umstand konfrontiert ist, international weitgehend isoliert zu sein.

Sicherlich verläuft in der Taiwanstraße nicht nur eine Frontlinie in einem Souveränitätskonflikt, sondern inzwischen auch eine weitere zwischen unterschiedlichen «Systemlogiken» – hier dem demokratischen Wettbewerb verpflichtete, dort autoritär verfasste Systeme. Taiwan gilt als «Frontstaat» in einer globalen Auseinandersetzung zwischen dem demokratischen «Westen» und dem autoritären «Nicht-Westen». Diese Antinomie ist aus verschiedenen Gründen problematisch, aber sie bestimmt den internationalen politischen Diskurs der Gegenwart maßgeblich und strahlt sehr stark auf die «Taiwanfrage» ab. Parallel dazu ist Taiwan zu einem zentralen Referenzpunkt der internationalen Debatte über die Zukunft der Halbleiterindustrie und die damit verbundenen globalen Lieferketten geworden. Vor allem repräsentiert durch die *Taiwan Semiconductor Manufacturing Company* (TSMC), das weltweit führende Unternehmen für die Produktion von Chips, wurde die Halbleiterindustrie schon vor Jahren als «Silikonschild» der Inselrepublik bezeichnet. Heute scheint diese internationale Ausnahmeposition wie Fluch und Segen zugleich: In Taiwan werden die Weichen für die Informations- und Kommunikationstechnologie der Zukunft gestellt. Ohne Zugang zu taiwanischen Chips können ganze Volkswirtschaften, nicht zuletzt die der USA und Chinas, in existenzielle Schwierigkeiten geraten. Dies exponiert Taiwan im gegenwärtigen Konflikt zwischen den beiden «Supermächten» in zusätzlicher Weise. Ob sich die derzeitigen Spannungen zwischen der Inselrepublik und der VR China vor diesem Hintergrund schon bald weiter verschärfen werden, vermag niemand zu sagen.

Jedenfalls wird an der großen Aufmerksamkeit und neuen politischen Unterstützung für Taiwan, nicht zuletzt in Europa, deutlich, dass sich einiges verschoben hat in der Welt. Taiwans wechselvolle Geschichte und komplexe Gegenwart illustrieren den globalen politischen Strukturwandel nicht nur; sie tragen auch zu seinem besseren Verständnis bei. So ist es nicht verwunderlich, dass das öffentliche Interesse auch hierzulande spürbar gestiegen ist, mehr über Geschichte, Politik und Gesellschaft Taiwans zu erfahren und die «Taiwanfrage» besser zu verstehen. Die hier vorgelegte, knapp gehaltene Geschichte Taiwans verfolgt vor diesem Hintergrund zwei zentrale Ziele: *Erstens*, die Komplexität der kulturellen, politischen und nationalen Identität Taiwans auszuleuchten und das daraus resultierende schwierige Verhältnis der Inselrepublik zu China auf knappem Raum verständlich zu machen. Dies ist keine leichte Aufgabe, denn die taiwanische Gesellschaft ist sehr heterogen – sowohl im Hinblick auf das kollektive historische Gedächtnis der Taiwanerinnen und Taiwaner als auch in Bezug auf ihr kulturelles Selbstverständnis und politisches Denken. Allerdings gibt es einen gesellschaftlichen Fundamentalkonsens, der von Leserinnen und Lesern bei der Lektüre der folgenden Kapitel stets mitgedacht werden muss: Auch wenn das Verhältnis Taiwans zu «China» – als historischer und kultureller Raum – vielschichtig ist und die Antwort auf die Frage nach der Zugehörigkeit Taiwans zu diesem Raum von emphatischer Zustimmung bis hin zu kompromissloser Ablehnung reicht, so wird der Souveränitätsanspruch der VR China über Taiwan von einer überwältigenden Mehrheit der Inselbewohner entschieden zurückgewiesen: Sie leben in einem souveränen Staat, der Republik China. Diesen Fundamentalkonsens verständlich zu machen, ist das *zweite* Ziel des hier vorgelegten Buches.

Nach einigen kurzen Ausführungen zu den geografischen, klimatischen und demografischen Bedingungen in Taiwan wird ein Überblick über die Siedlungsgeschichte Taiwans von den Anfängen bis zur japanischen Kolonialzeit gegeben. Letztere begann Ende des 19. Jahrhunderts und dauerte bis zum Ende des Zweiten Weltkriegs. Ihr wird ein eigenes Kapitel gewidmet, da sie für den weiteren Entwicklungsweg Taiwans besonders prägend war.[6] Danach steht die Ära der autoritären Kuomintang- (KMT-)Herrschaft (1945–1987) im Mittelpunkt der Betrachtung, in der Taiwan zu einer global führenden Exportnation aufstieg[7] und sich allmählich eine politische Oppositionsbewegung formierte, die die regierende KMT schließlich zu einer Öffnung des politischen Systems zwang. Danach widme ich mich ausführlich der demokratischen Periode, die chronologisch mit kurzen Überblicken über die Amtszeiten der taiwanischen Präsidenten – sowie einer Präsidentin – seit 1988 aufgearbeitet wird. Anschließend widme ich mich der Frage der nationalen Identität Taiwans, die bis heute kontrovers diskutiert wird. Es folgt eine konzentrierte Betrachtung der Geschichte und Gegenwart des sino-taiwanischen Souveränitätskonflikts, wobei bestimmte Aspekte dieses komplexen Problems bereits in den historischen Überblickskapiteln zur Sprache kommen werden. Das Buch schließt mit einem tentativen Ausblick auf die politische Zukunft Taiwans in einem geopolitisch zunehmend schwierigen Umfeld.

# 1. Geografie, Klima, Bevölkerung

Die Insel Taiwan liegt im westlichen pazifischen Ozean und ist der südchinesischen Küste vorgelagert. Die Meerenge zwischen dem chinesischen Festland und Taiwan, die *Taiwanstraße*, ist an der weitesten Stelle 220 Kilometer und an der schmalsten lediglich 130 Kilometer breit. Die Insel erstreckt sich in nord-südlicher Richtung über eine Länge von 394 Kilometern und eine durchschnittliche (ost-westliche) Breite von 144 Kilometern; die Gesamtfläche beträgt somit ca. 36 000 Quadratkilometer – es ist somit die größte Landmasse zwischen Japan und den Philippinen. Die heutige Republik China umfasst neben der Hauptinsel Taiwan, die 99 Prozent des Staatsgebiets ausmacht, weitere elf Inselgruppen mit mehr als 70 Inseln.[1] Für die Geografie der Insel Taiwan charakteristisch ist ihre in Nord-Süd-Richtung auf einer Länge von 330 Kilometern verlaufende Zweiteilung in einen bergigen, früher nur schwer zugänglichen Ostteil und eine langgezogene Ebene im Westteil mit den größten Städten der Insel. Dort leben auch die meisten Menschen. Die Gebirgsketten im Osten sind von hohen Bergen durchzogen, davon mehr als 200 mit Gipfeln über 3000 Meter Höhe. Höchster Berg ist der Jadeberg (*Yushan*) in Zentraltaiwan (3952 Meter). Nur etwa 30 Prozent der Landfläche Taiwans sind landwirtschaftlich nutzbar.

Die spezielle Tektonik Taiwans, das an der Grenze zwischen der Eurasischen und der Philippinischen Platte, also direkt am «pazifischen Feuerring», liegt, hat zu einer beeindruckenden Landschaft mit steilen Erhebungen, einer stark zerklüfteten Ostküste und heute erloschenen Vulkanen geführt, macht die Insel aber auch zu einem gefährlichen Erdbebengebiet. Das schwerste Beben der jüngsten Vergangenheit ereignete sich 1999 und kostete über 2000 Menschen das Leben. Kleinere Erschütterungen, viele von ihnen kaum spürbar, gibt es nahezu täglich. Etwas südlich der geografischen Mitte der Insel wird sie vom Wendekreis des Krebses durchschnitten, der die Klimagrenze zwischen den Tropen und den Subtropen bildet. Somit gibt es zwei Klimazonen: einen subtropischen Norden mit spürbaren Jahreszeiten und Temperaturschwankungen sowie einen tropisch geprägten Süden mit einem beständigeren, wärmeren Wetter. Der nördliche Teil Taiwans ist dabei der kühlen Luftfeuchtigkeit ausgesetzt, die im Winter mit dem Nordostmonsun von den kontinentalen Gebieten Nordostasiens und Sibiriens herangetragen wird. Dadurch fällt diese Jahreszeit deutlich kälter aus als üblich für eine Region, die vom Wendekreis des Krebses durchzogen wird. Von Mai bis September prägt hingegen der vom Indischen Ozean ausgehende, über Südostasien nach Taiwan gelangende, heiße Südwestmonsun das Wetter der gesamten Insel. Zudem liegt Taiwan im Zielkorridor der in den Sommer- und Herbstmonaten im westlichen Pazifik entstehenden Taifune, die erhebliche Verwüstungen anrichten können und in vergangenen Jahrhunderten immer wieder zur Zerstörung von Schiffsflotten führten, die Taiwan ansteuerten.

Mit einer Bevölkerungsdichte von durchschnittlich 673 Einwohner/km$^2$ (Deutschland: 240 Einwohner/km$^2$) ist Taiwan der nach Bangladesch am dichtesten besiedelte Flächenstaat der Welt. Ende 2022 zählte die Gesamtbevölkerung der Inselrepublik 23,6 Millionen Menschen. Etwa 45 Prozent davon leben in den vier städtischen Metropolen Taipei, Taichung, Tainan und Kaohsiung im Westen und Süden der Insel. Die Bevölkerung Taiwans, auf deren ethnische Zusammensetzung an anderer Stelle noch detailliert eingegangen wird, ist multikulturell und multireligiös. Laut einer Umfrage des Innenministeriums aus dem Jahr 2020 bekennen sich 35,1 Prozent der Taiwanerinnen und Taiwaner zum Buddhismus, 33,2 Prozent zum Taoismus, 4,5 Prozent zu einer christlichen Religionsgemeinschaft und 1,6 Prozent zur synkretistischen I-Kuan-Tao-(Yiguandao-)Sekte.[2] Aber diese Zahlen geben die Realität kaum wieder, da die meisten Menschen in ihrer Alltagsreligiosität unterschiedliche Glaubenstraditionen miteinander verbinden und dabei auch die konfuzianische Ahnenverehrung integrieren. Faktisch gibt es keine Trennlinie zwischen buddhistischen, taoistischen und konfuzianischen Glaubenspraktiken, so dass lediglich die christlichen Gemeinschaften[3] und die kleine Gruppe der Muslime (60–70 000) klar abgrenzbar sind.

# 2. Von den Anfängen menschlicher Besiedelung bis zum Ende der Qing-Herrschaft

## *Frühe Siedlungsgeschichte und Bevölkerungsstruktur*

Die Anfänge der menschlichen Besiedlung Taiwans reichen weit in prähistorische Zeit zurück. Erste menschliche Knochenfragmente, die 1972 im südlichen Tainan gefunden wurden, sind 20–30 000 Jahre alt. Archäologen haben Spuren verschiedener Kulturen gefunden, die auf die Altsteinzeit (Paläolithikum, etwa 2,5 Mio. bis 10 000 Jahre v. d. Z.), auf die frühe, mittlere und späte Jungsteinzeit (Neolithikum, etwa 10 000 bis 2000 Jahre v. d. Z.) sowie auf die Eisenzeit (etwa 1000 bis 400 Jahre v. d. Z.) datieren. Die ältesten Kulturen entstanden dabei zu einer Zeit, in der Taiwan noch mit dem chinesischen Festland territorial verbunden war, und weisen somit Verbindungslinien zur paläolithischen Kultur Kontinentalchinas auf. Bei den neolithischen Kulturen hingegen lassen sich sowohl kontinentale (also dem heutigen chinesischen Festland entspringende) Einflüsse als auch Einflüsse aus dem südostasiatischen Raum nachweisen. Diese beiden geografischen Stränge legen nahe, dass die heute als «Ureinwohner» (*Yuanzhumin*) Taiwans bezeichneten Stämme als Nachfahren dieser frühen Kulturen historisch aus unterschiedlichen Migrationsströmen hervorgegangen sind. Beweisen lässt sich dies jedoch nicht. So gibt es gleichzeitig eine weitere Hypothese, der zufolge die Vorfahren der indigenen Völker Taiwans erst in der Jungsteinzeit (vor ca. 4000 Jahren) nach Taiwan gelangt sind, sprachlich zur Familie der Austronesier gehören und somit proto-malaiischer bzw. polynesischer Herkunft sind. Zumindest ein guter Teil der heutigen *Yuanzhumin* dürfte somit aus einem geografischen Raum stammen, der vom heutigen Ozeanien über Indonesien und Malaysia bis nach Madagaskar reicht. Die Ureinwohner leben heute vor allem in den Bergregionen der Osthälfte Taiwans, wo sie ihre Kulturen und Sprachen so gut es geht, und seit einigen Jahren auch mit staatlichen Unterstützungsprogrammen, pflegen. Die Stämme der westtaiwanischen Ebenen hingegen haben sich im Laufe der Jahrhunderte durch den engen Kontakt mit chinesischen Einwanderern allmählich an die *han*-chinesische Kultur assimiliert. Offiziell unterscheidet man derzeit zwischen 16 Stämmen[1] mit insgesamt ca. 500 000 Menschen, die damit einen Anteil von rund zwei Prozent an der Gesamtbevölkerung Taiwans ausmachen.

Die erste substanzielle Welle *han*-chinesischer Einwanderer aus den südlichen Küstenprovinzen des Kaiserreichs setzte im frühen 17. Jahrhundert ein, als die staatliche Ordnung in China unter der Herrschaft der Ming-Dynastie (1368–1644) durch den militärischen Druck der Manchu-Invasoren allmählich kollabierte und sich die wirtschaftlichen Probleme in den südchinesischen Küstenregionen zuspitzten.[2] Die holländische Kolonialpolitik ab 1624 begünstigte die Einwanderung *han*-chinesischer Siedler nach Taiwan zusätzlich. Die beiden wichtigsten Einwanderergruppen waren zum einen *minnanyu*-sprechende Chinesen aus Fujian[3] (vor allem aus den Hafenstädten Quanzhou und Zhangzhou), deren Nachkommen heute ca. 70 Prozent der Gesamtbevölkerung stellen; zum anderen aus der Provinz Guangdong zugewanderte *Hakka*[4] mit einem heutigen Anteil von etwa 15 Prozent.[5] Diese beiden ethnischen Subgruppen der *han*-chinesischen Bevölkerung Taiwans wurden später zusammen als «einheimische Taiwaner» (*benturen oder benshengren*) bezeichnet und von den «Festländern» (*waishengren*) abgegrenzt. «Festländer» steht als Begriff somit für alle Menschen, die während des chinesischen Bürgerkriegs (1945–49) und nach der Flucht der Nationalisten vom Festland nach Taiwan 1949 auf die Insel gelangten. Ihre Nachkommen machen heute noch ca. 14 Prozent der Bevölkerung Taiwans aus. Allerdings ist die Trennung zwischen «Taiwanern» und «Festländern» inzwischen weitgehend obsolet geworden. Dieser für die Identitätsbildung Taiwans wichtige Tatbestand wird an späterer Stelle noch genauer erläutert (siehe Kapitel 9).

### *Europäische Kolonialisierung durch Portugiesen, Spanier und Holländer*

Die von der Ming-Dynastie 1433 erlassenen Beschränkungen des maritimen Überseehandels fielen Mitte des 16. Jahrhunderts. Dies führte zu einer dynamischen Zunahme der Handelstätigkeit im asiatischen Raum, in die die europäischen Kolonialmächte hineinstießen. Portugal, Spanien und Holland, aber auch Japan bemühten sich nunmehr, Einfluss auf die zwischen China, Japan und Südostasien aufgespannten Handelsnetzwerke zu erlangen, diese auszubauen und nach Möglichkeit zu kontrollieren. Schon 1544 erreichte ein portugiesisches Segelschiff Taiwan. Beeindruckt von den schneebedeckten Bergen, der üppigen tropischen Vegetation und dem türkisblauen Meer gaben die Portugiesen Taiwan den Namen *Ilha Formosa*, die «schöne Insel» – eine Bezeichnung, die bis heute noch Verwendung findet. Aber erst 1590 errichteten Portugiesen einen kleinen Handelsstützpunkt im Süden der Insel, unweit des heutigen Kaohsiung. Letztlich verloren sie aber das wirtschaftliche Interesse an Formosa und gaben ihre kleine Ansiedlung bald wieder auf.[6] Spanien gelangte 1584 nach Taiwan, errichtete zunächst einen Außenposten im Süden der Insel und begann von dort, Expeditionen in den Norden durchzuführen. Dies führte 1626 zur Besetzung des nördlichen Küstenorts Keelung und zur Errichtung des Forts *Fuerte San Salvador*. Von dort drangen die Spanier weiter vor und besetzten 1629 das Mündungsgebiet des Tamsui-Flusses, wo sie eine größere Befestigungsanlage – das Fort *Santo Domingo* – erbauten. Die spanischen Besitzungen in Taiwan wurden nach der Landung in Keelung offiziell Teil des von Manila aus verwalteten

Spanisch-Ostindiens. 1642 gaben die Spanier Taiwan auf. Der oft genannte Grund, sie seien von der militärisch überlegenen holländischen Kolonialmacht aufgrund konkurrierender Handelsinteressen vertrieben worden, war dabei nicht der einzige. Aufstände in den Philippinen und eine Zunahme militärischer Auseinandersetzungen mit China im Zuge des Niedergangs der Ming-Dynastie bei gleichzeitig nur geringer Ausstattung mit Soldaten und Material trugen ebenfalls zum spanischen Abzug aus Taiwan bei. Sowohl die Portugiesen als auch die Spanier waren vor allem am Handel mit wichtigen taiwanischen Produkten wie Zucker, Schwefel und Hirschhäuten (vor allem für die Lederproduktion) interessiert, nicht aber an einer systematischen kolonialen Erschließung und Ausbeutung der Insel.[7] Dafür waren sie nicht bereit, ausreichend Mittel bereitzustellen, wiederum eine Folge der noch immer relativ geringen Bedeutung Taiwans für den Asienhandel dieser ersten großen europäischen Kolonialmächte.

Wesentlich bedeutender für den Fortgang der taiwanischen Geschichte war die holländische Kolonialzeit, die von 1624 bis 1662 dauerte. Bereits 1622 errichtete die Niederländische Ostindien-Kompanie (*Vereenigde Oostindische Compagnie,* VOC) auf den Pescadoren einen kleinen Handelsposten. 1624 verlagerte sie diesen auf die damalige Halbinsel *Tayowan* (oder *Tayovan*), benannt nach einem Ureinwohnerstamm, nahe der heutigen Stadt Tainan. Ziel der Holländer war, Taiwan zu einem Stützpunkt für den Chinahandel zu machen. Aus *Tayowan* entwickelte sich allmählich die Bezeichnung *Taiwan.*[8] Die Holländer errichteten dort ein massives Fort, das sie *Zeelandia* nannten.[9] 1656 wurde eine zweite Befestigungsanlage, Fort *Provintia*, auf der Festlandseite gegenüber der Halbinsel erbaut.[10] Somit kontrollierten die Holländer den Süden Taiwans und schließlich, nach der Vertreibung der Spanier 1642, auch den Norden. Sie machten die Insel zu einem wichtigen interregionalen Handels- und Verladezentrum, aus dem Waren und Güter wie Reis, Zucker und Rattan, aber auch das begehrte Fell des Sikahirsches, nach China, Japan, Batavia und Europa gelangten.[11]

importiert und nach Europa weitertransportiert wurden u. a. Gewürze, Zinn und Baumwolle. Auch legten die Holländer in Taiwan Zuckerplantagen und Minen zum Abbau von Kupfer, Erzen und Gold an. Sie etablierten ein Steuersystem, errichteten Schulen,[12] brachten westliche Technologien (z. B. Druck und Papierherstellung) und Kunst auf die Insel und betrieben eine intensive christliche Missionierung der Ureinwohner. Diese lehrten sie das lateinische Alphabet und übersetzten die Bibel in eine Ureinwohnersprache; gleichzeitig versuchten die Holländer, mit nur mäßigem Erfolg, die Ureinwohner von der Tradition der Kopfjagd und der Zwangsabtreibung abzubringen.[13]

Besonders die Steuerverwaltung der Holländer zeugte von einem langfristigen Bleibeinteresse, da so die notwendigen Ressourcen für eine von Batavia unabhängige Finanzierung der kolonialen Infrastruktur generiert werden konnten. Zu diesem Zweck implementierten die Holländer, neben der Erhebung einer Kopfsteuer, ein spezielles System der privatisierten Steuereintreibung (*tax farming*), durch das sie chinesischen Siedlern gegen die Zahlung einer Steuer das Recht übertrugen, mit den Ureinwohnern Handel zu treiben. Die chinesischen Siedler wiederum durften sich von den Ureinwohnern das Recht auf das Schneiden von Bambus und das Inlandfischen in deren Stammesgebieten erkaufen, und sie mussten ihnen eine Pacht für das Land zahlen, das sie kultivieren durften. Allerdings konnten diese von den Holländern verfügten Bestimmungen die Konflikte zwischen den Ureinwohnern und den Siedlern um knappes Land nie befrieden.[14] Das *tax farming* bestand in seinen Grundzügen bis zum Ende der Qing-Herrschaft über Taiwan im späten 19. Jahrhundert fort. Für die einige Tausend zählenden chinesischen Siedler, die sich bei Ankunft der Holländer in Taiwan befanden,[15] brachte es wirtschaftlichen Aufstieg. Die Ureinwohner wurden auf seiner Grundlage jedoch letztlich ausgebeutet und verloren einen Großteil ihrer Stammesgebiete. Insofern wirkte die holländische Kolonialherrschaft erheblich auf das Sozialgefüge in Taiwan ein: Sie schürte noch lange Zeit anhaltende Konflikte zwischen den Ureinwohnern und den chinesischen Siedlern, erzeugte aber auch erhebliche Spannungen *innerhalb* dieser beiden Bevölkerungsgruppen. Interessanterweise ist die recht kurze holländische Zeit heute ein wichtiger Bezugspunkt des taiwanischen Nationalismus, der mit ihr das multikulturelle Erbe der Inselgesellschaft verbindet und sich damit vom Narrativ des *han*-zentrierten chinesischen Nationalismus abgrenzt.

### *Die dynastische Herrschaft des Koxinga-Clans (1662–1683)*

1661 wurden die Holländer von einem Anhänger der 1644 untergegangenen Ming-Dynastie, Cheng Cheng-kung (Koxinga) (1624–1662),[16] mit einer gewaltigen Armada von mehreren Hundert Schiffen und über 25 000 Soldaten attackiert und nach einer mehrwöchigen Belagerung im Januar 1662 aus ihrem letzten Rückzugsort, Fort *Zeelandia*, vertrieben.[17] Koxinga war der Sohn eines erfolgreichen Geschäftsmannes, Cheng Chih-lung (1604–1661), der auch im Dienste der Ming-Dynastie stand, und einer Japanerin. Er wurde im japanischen Hirado geboren und wuchs in Nan'an in der südchinesischen Provinz Fujian auf. Im Erwachsenenalter schloss er sich dem Widerstand gegen die Qing-Invasoren an. Seine Familie hatte den letzten Ming-Kaiser Longwu unterstützt. Dieser konnte auf der Flucht vor den Qing in Fuzhou, der Hauptstadt der Provinz Fujian, kurzzeitig einen Hof einrichten, bevor er im Oktober 1646 exekutiert wurde. Koxinga setzte den Widerstand gegen die Qing fort und kam schließlich, nachdem auch die südchinesische Küste von den neuen Machthabern kontrolliert wurde, nach Taiwan. Nachdem er den Südwesten der Insel unter seine Kontrolle gebracht hatte, rief er das Königreich von Tungning («östlicher Frieden») aus, von dem aus er die Wiedereroberung des Festlandes organisieren wollte. Koxinga baute schnell ein an den Ming orientiertes Verwaltungssystem auf. Er ließ den ersten konfuzianischen Tempel in

Taiwan erbauen und führte ein System militärischer Farmen ein, auf denen seine Soldaten Subsistenzwirtschaft betrieben und damit der restlichen Inselbevölkerung nicht zur Last fielen. Doch schon bald, am 23. Juni 1662, starb Koxinga an Malaria, so dass die weitere Entwicklung des Königreichs seinen Nachkommen überlassen blieb.

Sein Sohn und dynastischer Nachfolger Cheng Ching (1642–1681) trieb die Erschließung auch bisher unzugänglicher Regionen der Insel voran, um die Selbstversorgung der Familien, Entourage und Truppen sicherzustellen. Die landwirtschaftliche Produktion wurde intensiviert und die Weiterverarbeitung von Zucker, Salz und anderen Produkten forciert. Taiwan stieg in dieser Zeit, bedingt durch die Einführung neuer Methoden des Reisanbaus, zu einem bedeutenden Reisexporteur in Asien auf. Das holländische Steuersystem des *tax farming* wurde beibehalten, aber weiterentwickelt. Zugleich führte der Cheng-Clan ein konsekutives Schulsystem und das Beamtenprüfungswesen ein, mit dem ein bürokratischer Apparat aufgebaut wurde. Den Ureinwohnerstämmen, soweit diese erreicht werden konnten, zwang das neue Regime das Lernen der chinesischen Sprache und ein «zivilisiertes Verhalten» sowie die Anwendung moderner Anbautechniken auf. So wurde das holländische «Zivilisierungsprojekt» nahezu bruchlos fortgesetzt, wenn auch nun unter «konfuzianischen» Vorzeichen. Die Cheng-Familie trieb weiterhin intensiven Handel mit Japan und Südostasien und förderte die Entwicklung Taiwans als Warenumschlagplatz und regionales Handelszentrum für die einheimischen Erzeugnisse. Auch die wirtschaftlichen Aktivitäten zwischen Taiwan und dem chinesischen Festland, die die Qing zu unterbinden versuchten, kamen nie zum Erliegen – ebenso wenig die Emigration von dort nach Taiwan. Obwohl die Qing die Taiwan gegenüber liegenden Küstenabschnitte in einem Streifen von 10–15 Kilometern Tiefe als Sicherheitspuffer entvölkern ließen, setzten in dieser Zeit viele Bauern vom chinesischen Festland nach Taiwan über. Die *han*-chinesische Bevölkerung auf der Insel nahm bis zum Tod von Cheng Ching 1681 um mehrere 10 000 Menschen zu. Taiwan wurde durch den Koxinga-Clan wirtschaftlich stabilisiert und weiterentwickelt. Die Aussicht auf eine Rückeroberung des Festlandes gab Cheng Ching jedoch bald auf, zumal der Druck der Qing mit der Zeit immer größer wurde, endlich auch Taiwan dem Reich einzugliedern.

1664 und 1665 gab es erste Versuche, eine kaiserliche Flotte nach Taiwan zu entsenden und die Insel, gemeinsam mit Schiffen der Holländer, zu erobern. Beide scheiterten aber wegen schlechten Wetters und ungünstigen Winden. Danach konzentrierten sich die Qing auf Verhandlungen mit Cheng Ching. Dieser verfolgte das Ziel, sein Königreich zu einem Tributstaat zu machen und damit einer chinesischen Suzeränität zu unterwerfen, um es faktisch unabhängig von den Qing weiterführen zu können. Doch dieses Ansinnen wurde in Peking abgelehnt – Tributbeziehungen zwischen *Han*-Chinesen konnte es nicht geben. Nachdem Cheng-treue Truppen 1678 nahezu vollständig von ihren letzten Bastionen im südlichen Fujian vertrieben worden waren, stellten die Qing eine neue Invasionsflotte für Taiwan zusammen. Diese Armada von 238 Schiffen mit mehr als 21 000 Soldaten eroberte im Juli 1683, nach harten Kämpfen auf See, die Pescadoren und erreichte schließlich Taiwan. Von einer gewaltsamen Unterwerfung des Koxinga-Clans und seiner Truppen sahen die Qing aber ab. Es kam vielmehr zu friedlichen Verhandlungen. Die Cheng-Familie und andere Würdenträger des Königreichs von Tungning siedelten nach China über und wurden dort zum Teil mit Posten in der kaiserlichen Bürokratie und im Militär ausgestattet. Taiwan gehörte nunmehr zum chinesischen Reich.[18]

## *Taiwan unter der Herrschaft der Qing (1683–1895)*

Nach der Eroberung Taiwans durch die Qing wurde die Insel 1684 als Präfektur der Provinz Fujian unterstellt. Dieser Schritt erfolgte, nachdem der Kaiserhof die kurzzeitige Erwägung, Taiwan aufzugeben und die chinesische Bevölkerung auf das Festland zu evakuieren (!), wieder verworfen hatte. Allerdings mussten alle *Han*-Chinesen ohne eigenen Hausstand dorthin zurückkehren, so dass sich dieser Teil der Bevölkerung erheblich reduzierte: Während am Ende des Königreichs von Tungning etwa 120 000 Migranten in Taiwan gelebt haben, dürfte diese Zahl in den ersten Jahren der Qing-Herrschaft auf etwa 80 000 gesunken sein.[19] Die Qing wollten anfangs die Migration vom Festland nach Taiwan so weit wie möglich begrenzen[20] – zum einen, weil sie die Entstehung einer kaum zu kontrollierenden großen Siedlergruppe befürchteten, die den wenigen Verwaltungsbeamten der Qing erfolgreich hätte Widerstand entgegensetzen können; zum anderen, weil sie Konflikten zwischen Ureinwohnern und Chinesen entgegenwirken wollten, die wegen der erwartbaren Landnahme durch neue Siedler unvermeidbar waren. Diese Politik ließ sich aber nicht lange durchhalten, denn die schwierigen wirtschaftlichen und sozialen Bedingungen in Südchina in der Übergangsperiode von der Ming- zur Qing-Dynastie machten Taiwan für viele Menschen in den chinesischen Küstenprovinzen als Migrationsdestination zu interessant. Die Einwanderung nach Taiwan konnte deshalb nie effektiv unterbunden werden. So lebten am Ende der Qing-Zeit bereits 2–3 Millionen *Han*-Chinesen auf der Insel.

Im Laufe der Zeit organisierten sich die chinesischen Siedler in landsmannschaftlichen Vereinigungen. Zudem differenzierte sich die Migrantenbevölkerung sozial aus. Durch die Einführung eines neuen Steuersystems, mit dem chinesische *tax farmer* einerseits die Steuern der Ureinwohner aufbringen mussten, dafür andererseits aber das Monopol auf den Handel mit den Erzeugnissen der *Yuanzhumin* erhielten, bildete sich allmählich eine landbesitzende Schicht heraus. Diese akkumulierte durch die Ausbeutung der Ureinwohner erhebliche finanzielle Mittel, die in die produktive Wirtschaft investiert wurden. Gleichzeitig nahmen die Grundbesitzer, als einflussreiche und politisch gut vernetzte lokale Elite, bald auch ordnungspolitische Aufgaben für die personell nur schwach ausgestattete Verwaltung der Qing wahr.[21] Hingegen gerieten die chinesischen Kleinbauern und die Ureinwohner durch hohe Steuerabgaben und andere Ausbeutungspraktiken der von den Qing privilegierten *tax farmer* zunehmend unter wirtschaftlichen Druck.[22] Dies führte 1721 zu einer ersten großen Rebellion pauperisierter chinesischer Siedler (Chu Yi-kuei-Aufstand), den die Qing nur unter Zuführung von mehreren Tausend Soldaten vom Festland mühsam niederschlagen konnten. Dieses Ereignis bewirkte ein Umdenken bei den Qing: Sie gaben ihre konservative Politik auf und erleichterten die Migration vom Festland nach Taiwan. Zwar konsolidierten sich die wirtschaftlichen Verhältnisse dort allmählich wieder, was nicht zuletzt an einer kontinuierlichen Bevölkerungszunahme erkennbar war. Aber gerade dies führte – unter Bedingungen knapper Bodenressourcen in den chinesischen Küstenregionen – zu weiterem Immigrationsdruck auf Taiwan.

Vor diesem Hintergrund musste es für die Qing-Verwaltung in Taiwan darum gehen, die sich durch den Kampf um Land ständig verschärfenden sozialen Konflikte zu entschärfen. So schwenkte man auf eine Politik der systematischen Erschließung der Stammesgebiete und Jagdgründe der Ureinwohner ein und gab den bisherigen Ansatz einer räumlichen Trennung zwischen ihnen und den chinesischen Siedlern auf. Die Landgewinnung sollte die Steuerabschöpfung der Qing vergrößern und, zusammen mit den Gewinnen aus den allmählich zunehmenden Reisexporten auf das Festland, die staatlichen Verwaltungsstrukturen stärken. Diese Kolonialisierungspolitik, einhergehend mit einer sich verschärfenden Heranziehung der *Yuanzhumin* zur Zwangsarbeit für Urbarmachung und Infrastrukturbau, führte in den Jahren 1731 und 1732 allerdings zu zwei weiteren großen Aufständen. Sie gingen von den betroffenen Ureinwohnerstämmen aus, griffen aber bald auf unzufriedene Teile der chinesischen Siedler über. Auch diese Revolten wurden erfolgreich unterdrückt, führten nun aber zu einer signifikanten Verstärkung der militärischen Präsenz der Qing in Taiwan. Um die Lage zu stabilisieren, wurde die Einwanderung vom Festland weiter liberalisiert – ganze Familien durften nun nach Taiwan übersiedeln, um ein besseres soziales Umfeld für die *han*-chinesischen Siedler zu schaffen. Dies konnte allerdings nun gerade nicht das Problem der Landknappheit und die daraus resultierenden Konflikte innerhalb der chinesischen Siedlerbevölkerung bzw. zwischen ihnen und den Ureinwohnerstämmen lösen. Rasch nahmen die Spannungen wieder zu. Die Qing drehten die Kolonisierungspolitik erneut zurück, indem sie die Erschließung von Ureinwohnerland stoppten und die Einwanderung chinesischer Familien vom Festland wieder verboten. Doch angesichts der Entschlossenheit vieler Menschen in Südchina, nach Taiwan überzusiedeln, konnten diese Maßnahmen langfristig keine erfolgreiche Strategie mehr sein, dauerhaft Druck aus dem Kessel zu nehmen.[23]

Immerhin trugen die Einführung einer, im Vergleich zur Stammessteuer, niedrigeren Kopfsteuer, die die Ureinwohner nun genauso wie die *Han*-Chinesen zahlen mussten, sowie das ihnen übertragene Recht, gegen die Zahlung einer Rente Boden zu besitzen und an chinesische Siedler weiterverpachten zu dürfen, in der zweiten Hälfte des 18. Jahrhunderts zu einer gewissen Entspannung der sozialen Konflikte bei.[24] Hingegen wurde der nach dem Chu Yi-kuei-Aufstand 1721 unternommene Versuch der Qing bald wieder aufgegeben, mit Palisadenzäunen am Fuße der Berge in Nord-Süd-Richtung die illegale Landnahme in den Ureinwohnergebieten durch chinesische Siedler – sowie die Rachefeldzüge der Bergstämme, die dabei oft genug auf Kopfjagd gingen – zu unterbinden. Vielmehr kennzeichnete man nun lediglich Grenzlinien und versuchte, wo möglich, die Zahlung der Bodenrente für die meistens illegal erfolgende Landnahme von Ureinwohnerland durch chinesische Siedler an die *Yuanzhumin* durchzusetzen. Mit diesen Maßnahmen gelang es den Qing, vor allem die Ureinwohnerstämme der westtaiwanischen Ebene (*plains aborigines*) als Milizen zu rekrutieren und sie in ihren Straffeldzügen gegen aufrührerische chinesische Siedler und die kaum zu befriedenden Bergvölker einzusetzen.

Der festlandchinesische Immigrationsdruck auf Taiwan blieb

über das 18. Jahrhundert hinweg hoch und stellte die schwach aufgestellte Qing-Verwaltung vor nur schwer zu bewältigende Herausforderungen, den sozialen Spannungen innerhalb der Inselbevölkerung Herr zu werden.[25] Diese wurden zusätzlich durch eine beständig wachsende Zahl landloser Migranten angeheizt, die im harten Kampf um Boden das Nachsehen hatten und ein hohes Rekrutierungspotenzial für Aufstände boten. Zur gleichen Zeit wurde Taiwan allmählich zu einem wichtigen Exporteur von Reis und Zucker im chinesischen und südostasiatischen Raum. Größter Profiteur dieser Entwicklung war die entstehende Schicht der Landbesitzer, die im 19. Jahrhundert zu veritablen Handelskapitalisten und damit auch einer einflussreichen politischen Kraft in Taiwan wurden. Sie nahmen für die Qing die Steuereintreibung wahr, sorgten für Ordnung und Stabilität vor Ort und trieben die wirtschaftliche Entwicklung voran, etwa durch die Finanzierung von Bewässerungssystemen.

Durch die von den westlichen Kolonialmächten in den Verträgen von Tianjin (1858) und Peking (1860) erzwungene Öffnung zahlreicher Vertragshäfen an der chinesischen Küste sowie in Taiwan – Anping (1858), Tamsui (1862), Keelung (1863) und Takao (Kaohsiung) (1864) – nach dem für die Qing verlorenen Zweiten Opiumkrieg (1856–1860) integrierte sich Taiwans Wirtschaft noch stärker in die regionalen Handelsnetzwerke in Asien. Neben Zucker und Tee zählte nun Kampfer zu den wichtigsten Exportprodukten, bei dem Taiwan um 1890 zwei Drittel der weltweiten Nachfrage bediente.[26] Zudem verlagerte sich das wirtschaftliche Gewicht zunehmend in den Norden Taiwans, wo sich die großen Tee- und Kampferplantagen befanden.

Im Zuge der chinesischen «Selbststärkungsbewegung» in der zweiten Hälfte des 19. Jahrhunderts bemühten sich die Qing, allen voran der vorletzte Provinzgouverneur Liu Ming-chuan (1836–1898, zwischen 1884 und 1891 in Taiwan stationiert), um eine Modernisierung der Verwaltung und der wirtschaftlichen Infrastruktur Taiwans sowie um die Erschließung von Neuland in den bisher unzugänglichen Regionen der Insel. Dabei verfolgte er eine systematische Strategie der «Zivilisierung» der dort lebenden Ureinwohner – nicht nur durch Strafexpeditionen und militärischen Druck, sondern auch durch die Zwangsvermittlung von kulturellen Werten in eigens eingerichteten Schulen und eine damit einhergehende Zerstörung der, aus Sicht der Qing, «archaischen» Stammestraditionen. Nachdem ein französischer Invasionsversuch während des Chinesisch-Französischen Kriegs (1884–1885)[27] abgewehrt werden konnte, wurde Taiwan auf Liu Ming-chuans Initiative 1885 in den Rang einer chinesischen Provinz erhoben. Damit bekam die Qing-Verwaltung in Taiwan mehr Zugriff auf die fiskalischen Ressourcen des Kaiserreichs, die Liu für wirtschaftliche Investitionen, die Modernisierung der Verwaltung und die Stärkung der militärischen Verteidigung Taiwans gegen die westlichen Kolonialmächte und Japan einsetzen wollte.[28] Das damals noch kleine Taipei wurde zur provisorischen Hauptstadt der neuen Provinz – und ist bis heute Regierungssitz und das politische Zentrum der Insel geblieben.

Unter der Verwaltung von Liu Ming-chuan fand eine erste große Elektrifizierung Taiwans statt. Es wurden neue Maschinen und Technologien in der Holzproduktion, der Kohleförderung, der Zuckerverarbeitung, der Herstellung von Ziegeln und der Waffenproduktion eingeführt. Die Verkehrsinfrastruktur Taiwans verbesserte sich erheblich durch den Bau neuer Eisenbahn- und Dampfschiffverbindungen, Straßen und Häfen, die Verlegung von Telegrafenleitungen, den Aufbau eines Postdienstes und die Anlegung von Bewässerungssystemen. Auch westliche Schulen wurden zugelassen. Vieles davon verlief unkoordiniert und ineffizient, und doch durchschritt Taiwan Ende des 19. Jahrhunderts eine erste industrielle Entwicklungsphase, die erfolgreicher verlief als viele vergleichbare Modernisierungsinitiativen auf dem chinesischen Festland. Hingegen begründeten die zahlreichen Aufstände von chinesischen Siedlern und Ureinwohnern gegen die Qing-Verwaltung, die ebenso häufigen Auseinandersetzungen innerhalb der *han*-chinesischen Bevölkerungsgruppe einerseits sowie zwischen ihr und den Ureinwohnern andererseits eine Tradition konfliktgeladener Ethnizität, die in der zweiten Hälfte des 20. Jahrhunderts zu einem wichtigen Faktor in Politik und Gesellschaft Taiwans werden sollte.

Während seiner Zugehörigkeit zum chinesischen Kaiserreich verwandelte sich Taiwan somit erst spät von einer typischen *frontier*-Region, die wenig effizient verwaltet wurde, in ein stärker mit dem chinesischen Festland verbundenes und vom Kaiserhof in Peking mehr beachtetes Gebiet. Neben der zunehmenden wirtschaftlichen Integration spielten dabei sicherheitspolitische Erwägungen eine zentrale Rolle, da nicht nur das Festland, sondern auch Taiwan zunehmend zum Objekt territorialer Begehrlichkeiten der imperialistischen Mächte wurde. Dem Niedergang der Qing, der sich in der zweiten Hälfte des 19. Jahrhunderts immer klarer abzeichnete, konnte auch Taiwan nicht entgehen. Mit der Niederlage der Qing im Chinesisch-Japanischen Krieg 1894/95 endete eine über 200 Jahre dauernde chinesische Oberhoheit über die Insel abrupt. Taiwan ging nun einer neuen Ära entgegen, die ihm erneut eine Kolonialmacht aufzwang. Diese aber veränderte die Inselgesellschaft nachhaltig, vor allem im Hinblick auf deren Verhältnis zu China.

# 3. Die japanische Kolonialzeit

Der am 17. April 1895 unterzeichnete Vertrag von Shimonoseki, der den Ersten Chinesisch-Japanischen Krieg[1] beendete, brachte Taiwan und die Pescadoren (*Penghu*) unter japanische Kolonialherrschaft. Japan war seit der Meiji-Restauration (1868) und der damit verbundenen Zentralisierung des politischen Systems unter der Kaiserherrschaft sowie einer entschlossen betriebenen Modernisierung der japanischen Wirtschaft (unter konsequenter Nutzung westlicher Technologie) bereits an der Jahrhundertwende zu einer regionalen Vormacht in Ostasien aufgestiegen. Ein hoher Bevölkerungsdruck und Rohstoffmangel im eigenen Land in Verbindung mit dem ideologischen Zeitgeist (Sozialdarwinismus, Kolonialismus) waren Ursachen für eine Hinwendung der herrschenden Eliten zu einer imperialistischen und expansiven Politik: Schon um 1900 griff Japan nach Korea und dem chinesischen Nordwesten, aber auch nach Taiwan aus. Das Interesse der Regierung in Tokio am Erwerb Taiwans, der ersten kolonialen Besitzung Japans überhaupt, bestand zuvorderst in der Ausbeutung von Rohstoffen und der Schaffung neuer Absatzmärkte für japanische Produkte. Taiwan sollte der Versorgung der Bevölkerung des Mutterlandes sowie der Stärkung der ressourcenarmen japanischen Volkswirtschaft dienen.

Während sich die meisten Qing-Beamten zügig aus Taiwan absetzten, leisteten verbliebene kaiserliche Truppen, im Verbund mit der lokalen chinesischen Elite und Teilen der übrigen Bevölkerung (inklusive der Ureinwohner), Widerstand. Der letzte Qing-Gouverneur Tang Ching-sung rief im Mai 1895 die Gründung der Demokratischen Republik Formosa *(Minzhuguo)* aus, vor allem, um Zeit zu gewinnen und in der trügerischen Hoffnung, die westlichen Kolonialmächte würden sich einer japanischen Invasion in Taiwan entgegenstellen.[2] Dies konnte die Einnahme der Insel durch japanische Besatzungstruppen allerdings nicht verhindern, die mit der Kapitulation von Tainan am 21. Oktober 1895 vorläufig abgeschlossen war. Es kostete die japanische Besatzungsmacht allerdings weitere sieben Jahre, bis sie eine leidlich gute Kontrolle über die Insel erlangt hatte.[3] Auch danach kam es immer wieder zu Aufständen chinesischer Siedler und der *Yuanzhumin*, die mit rücksichtsloser Härte unterdrückt wurden.[4] Diese Erfahrung, vom Kaiserhof in würdelosen Kapitulationsverhandlungen als Kriegsbeute an Japan abgetreten worden zu sein, verankerte sich tief im kollektiven Gedächtnis der Inselbevölkerung und diskreditiert bis heute den Souveränitätsanspruch Chinas über Taiwan.

Die Japaner übten eine strenge, oft repressive Herrschaft aus. Der von Tokio eingesetzte Generalgouverneur besaß weitgehende legislative und exekutive Vollmachten, konnte seine Entscheidungen also ohne vorherige Abstimmung mit der japanischen Zentralregierung treffen. Die Taiwanerinnen und Taiwaner sollten «zivilisierte» japanische Untertanen und dem Mutterland allmählich assimiliert werden. Für die innere Sicherheit und Ordnung sorgten eine die Inselgesellschaft durchdringende Polizeipräsenz sowie die Installierung einer modifizierten Form des traditionellen chinesischen *baojia*-Systems (jap.: *hoko*) als Ordnungsinstrument (1903), mit dem die staatliche Überwachung bis in die taiwanischen Haushalte hineinreichte.[5] Es erfolgte zudem eine genaue Zählung und Registrierung der Bevölkerung.

Nach der politischen Konsolidierung des neuen Regimes folgten Jahre der wirtschaftlichen Erschließung und Modernisierung Taiwans. Die Kolonialherren bauten das Post- und Telegrafennetz aus, etablierten eine Zentralbank (*Bank of Taiwan*) und führten einheitliche Systeme für das Messen und Wiegen mit Gewichten ein. Man setzte eine Landreform durch und förderte die Gründung bäuerlicher Kooperativen, in denen neue Anbautechniken vermittelt und die Produktion von in Japan besonders nachgefragten Agrargütern gefördert wurden. Durch eine Verdoppelung der Anbaufläche, vor allem mit Hilfe neuer Bewässerungssysteme, wurde die Reisproduktion erheblich gesteigert. Obwohl der größte Teil der landwirtschaftlichen Produktion nach Japan exportiert wurde, gestaltete sich die Nahrungsmittelversorgung in Taiwan schon bald deutlich besser als auf dem chinesischen Festland. Die Japaner errichteten außerdem große Produktions- und Handelsmonopole, mit denen sie u.a. die lukrative taiwanische Zuckerindustrie kontrollierten[6] und die Steuerabschöpfung auf Waren wie Salz, Kampfer und Tabak, aber auch Opium,[7] optimierten. Schon 1905 war Taiwan fiskalisch unabhängig von Japan, konnte sich also vollständig selbst finanzieren. Zudem bauten die Japaner Krankenhäuser und führten neue sanitäre Praktiken ein, so dass bis dahin notorisch auftretende Krankheiten wie Malaria, Cholera, Ruhr und Pocken gebannt werden konnten. In der Folge nahm die Bevölkerung rasch zu.[8]

Auch ein modernes Bildungssystem bauten die Japaner in Taiwan auf. So richtete die Kolonialregierung bereits 1898 Grundschulen für alle taiwanischen Kinder ein, in denen die japanische Sprache unterrichtet, aber auch Kenntnisse im klassischen Chinesisch, in konfuzianischer Lebensführung und in praktischen Fertigkeiten vermittelt wurden.[9] Die weiterführenden japanischen Schulen ließen erst ab 1922 taiwanische Schülerinnen und Schüler zu, sofern sie die japanische Sprache beherrschten. Der Weg an die japanischen Universitäten blieb ihnen zunächst noch verschlossen. Dieser wurde erst später für bestimmte Karrierewege bzw. Berufe geöffnet, die dem kolonialen Regime nützten – vor allem Ingenieure, Lehrer und Mediziner. Profitieren konnten davon jedoch nur wenige.[10]

Vor dem Hintergrund einer politischen Aufbruchstimmung im «Mutterland» während der sogenannten *Dōka*-Periode (1915–1937) ließ die Kolonialmacht eine begrenzte politische Teilhabe in Taiwan zu.[11] So wurden ab 1920 zunächst lokale Selbstverwaltungsorgane gegründet, die jedoch nur eine beratende Funktion hatten und deren Mitglieder von der Kolonialregierung ernannt wurden. So richtete der japanische Generalgouverneur 1920 einen politischen Beirat (*Advisory Council*) ein, der aus 25 Mitgliedern bestand, neun davon Taiwaner. Sie alle wurden jedoch nicht gewählt, sondern vom Generalgouverneur ernannt. 1934 machten die japanischen Kolonialbehörden weitere Zugeständnisse: Fortan wurde die Hälfte der Mitglieder des Beirats direkt gewählt (wahlberechtigt waren jedoch nur solche Taiwaner, die mindestens fünf Yuan Steuern im Jahr zahlten). Zudem bekamen 1935 die Präfektur- und Stadträte[12] sogar einige Entscheidungsrechte.

In den 1920er Jahren konnte sich so eine taiwanische Autonomiebewegung (*home rule movement*) formieren. Diese verlangte nach mehr politischer Autonomie von Japan und wurde durch die 1921 ins Leben gerufene *Petitionsbewegung für die Gründung eines taiwanischen Parlaments* organisatorisch repräsentiert.[13] Es gründeten sich in dieser Zeit zahlreiche zivilgesellschaftliche Organisationen und liberale Zeitschriften, die sich vor allem für politische Mitbestimmungs- und Arbeiterrechte einsetzten. Die 1920 in Japan gegründete *New People's Society* und andere Gruppierungen verlangten in zahlreichen Petitionen nach einem eigenen taiwanischen Parlament. Diese Forderungen wurden von anderen, nicht zuletzt linken Gruppierungen aufgegriffen und teilweise radikalisiert, ohne damit jedoch die japanische Kolonialherrschaft offen infrage zu stellen. Parallel dazu entstand eine literarisch-künstlerische Bewegung, die auf die Formierung einer eigenen kulturellen Identität bzw. eines taiwanischen Nationalismus hinarbeitete. Gut 15 Jahre dauerte diese relativ liberale Periode der japanischen Kolonialherrschaft, bevor sie vom autoritären politischen Wandel in Japan erfasst wurde. Spätestens 1937, als der sino-japanische Krieg ausbrach, verboten die Kolonialbehörden die verschiedenen Gruppierungen der progressiven taiwanischen Eliten oder diese lösten sich selbst auf.

Mit dem Ausbruch dieses Krieges und im Zuge der japanischen Vorbereitungen auf den Pazifikkrieg gegen die USA[14] forcierte die Kolonialmacht den Aufbau einer taiwanischen Schwerindustrie: Es wurden Raffinerien und Fabriken für chemische Produkte, Stahl und Schiffbau errichtet, um die Insel als Sprungbrett auf dem Weg nach Südostasien und das südliche China zu nutzen bzw. zu einem zukünftigen Verarbeitungsstandort für erbeutete Rohstoffe aus diesen Regionen zu machen. Neue Häfen und Staudämme zur Stromerzeugung wurden errichtet, die Transportwege zu Wasser und zu Land massiv ausgebaut. Taiwan erlebte eine beschleunigte Phase der Industrialisierung, die die Beschäftigungsstruktur massiv veränderte. Zudem wurde die gesamte Insel durch den Bau neuer Militärflughäfen und Verteidigungsanlagen stark befestigt. Obwohl die industrielle Infrastruktur durch schwere Bombardements der USA in der Endphase des Pazifikkriegs teilweise zerstört wurde, stellte die japanische Industriepolitik dieser Zeit entscheidende Weichen für das taiwanische «Wirtschaftswunder» der Nachkriegszeit.

Die zeitgleich 1937 eingeleitete *Kōminka*-Politik[15], die auch in Korea und Okinawa implementiert wurde, verfolgte das Ziel einer raschen «Japanisierung» der taiwanischen Gesellschaft: Die Kolonialregierung unternahm neue Anstrengungen, die japanische Sprache auf der Insel zu fördern, und gründete zu diesem Zweck spezielle Schulen außerhalb des regulären Bildungssystems. Taiwanische Familien wurden ermuntert, ihre chinesischen durch japanische Namen zu ersetzen.[16] Viele traditionelle Bräuche gerieten nun in das Fadenkreuz der Kolonialregierung, die die Bevölkerung auf die japanischen Eroberungsfeldzüge in Asien einschwören wollte. Religiöse Artefakte und Tempel wurden zerstört und die Einführung des Shintō-Kultes,[17] durch die obligatorische Aufstellung von Shintō-Schreinen in jedem Haushalt, erzwungen. Auch unabhängige Zeitungen verschwanden im Laufe der Zeit und wurden durch japanische Druckerzeugnisse ersetzt. Zudem passten die Kolonialbehörden die Lehrpläne der taiwanischen Schulen vollständig an die Ausbildungspläne des japanischen Schulsystems an.

Die Mobilisierung der taiwanischen Bevölkerung für die Ziele des japanischen Expansionismus in Asien war ein weiterer Aspekt der *Kōminka*-Politik und spiegelte sich in der Rekrutierung von Taiwanern in das japanische Militär wider. Diese begann bereits

1937 mit der Einstellung von Trägern für die kaiserlichen Truppen. 1942 installierte die Kolonialregierung dann ein System, das es Freiwilligen ermöglichte, Kriegsdienst zu leisten. Mehrere Hunderttausend Männer und Frauen, sowohl aus den Reihen der *han*-chinesischen Bevölkerung als auch der Ureinwohner, meldeten sich. Gegen Ende des Pazifikkriegs 1945 umfasste die kaiserliche Armee weit über 400 000 Taiwaner, davon rund 200 000 in den kämpfenden Truppen.[18] Die Reintegration der Rückkehrer aus dem Pazifikkrieg sollte zu erheblichen Konflikten führen, da diese für die neuen Machthaber, die Nationalisten der KMT unter der Führung von Chiang Kai-shek, japanische Kollaborateure waren, die man verachtete.

Zusammenfassend lässt sich konstatieren, dass die Inselbevölkerung die Kolonialherrschaft zweifellos als unterdrückerisch und phasenweise repressiv erlebte. Die Insel wurde allein zum Wohle Japans ausgebeutet, auch wenn dadurch zahlreiche technologische Neuerungen und eine moderne Infrastruktur nach Taiwan kamen. Allerdings sorgten die Japaner für eine gewisse Stabilität und Rechtssicherheit in einem zuvor recht anarchischen Lebensumfeld. Die Taiwaner waren zwar nur Bürger «zweiter Klasse» – abgesehen vielleicht von einigen taiwanischen Unternehmerfamilien, die lukrative Geschäfte mit den Japanern machten. Aber sie profitierten von einem verbesserten Schulwesen[19] und bekamen im Laufe der Kolonialzeit auch Zugang zum japanischen Universitätssystem.[20] Ihre Aufstiegsperspektiven in der japanischen Kolonialverwaltung blieben jedoch überaus begrenzt. Zudem wurden sie in der Spätphase der Kolonialzeit, im Kontext der aggressiven militärischen Expansion Japans in Asien, einer immer rigideren Assimilierungspolitik unterworfen. Ein anderer Aspekt der Kolonialzeit, dessen ganze Tragik erst nach der Demokratisierung Taiwans thematisiert und historisch aufgearbeitet werden konnte, war die vom japanischen Militär betriebene Zwangsprostitution von schätzungsweise 10–20 000 Taiwanerinnen während des Pazifikkriegs, vor allem in den Jahren zwischen 1942 und 1945. Sie ereignete sich im Rahmen der brutalen sexuellen Versklavung von Frauen in allen von Japan besetzten Gebieten in Asien und gilt bis heute, neben dem Massaker von Nanjing 1937, als Fanal der Verrohung und Unmenschlichkeit des japanischen Militarismus im 20. Jahrhundert.[21]

Und doch ist die japanische Kolonialzeit im kollektiven Gedächtnis der Inselgesellschaft nicht negativ besetzt – ganz im Gegensatz zu dem vieler Menschen auf der koreanischen Halbinsel und in China. So stellt man in Taiwan immer wieder die japanischen Entwicklungsleistungen in den Vordergrund, die die Inselrepublik Mitte des 20. Jahrhunderts zu einer der modernsten Volkswirtschaften in Asien machten. Vor allem aber prägt seit der Demokratisierung Taiwans in den späten 1980er Jahren eine intensive Debatte über eine damals angestoßene erste kulturelle «Bewusstseinswerdung» Taiwans die politische Auseinandersetzung über die japanische Kolonialzeit bis heute stark. So steht, jedenfalls für einen großen Teil des meinungsbildenden intellektuellen Establishments, die japanische Kolonialzeit für den Beginn einer distinkten, von China klar unterscheidbaren Identität Taiwans, und damit für einen Katalysator des taiwanischen Nationalismus. Auch in weiten Teilen der allgemeinen Bevölkerung verblasste die – direkte oder vermittelte – Erinnerung an die durch Japan erlebte Unterdrückung gegenüber dem «Weißen Terror» der KMT in den 1950er und 1960er Jahren allmählich. So ist Taiwan heute das einzige Land in Ostasien mit einem relativ unkomplizierten Verhältnis zu Japan, das sich unter dem Eindruck der chinesischen Drohkulisse der jüngeren Zeit weiter vertieft hat. Japan zählt heute zu den wichtigsten Partnerländern Taiwans und ist, im Rahmen der US-japanischen Verteidigungsallianz, ein bedeutsamer Sicherheitsfaktor für die Inselrepublik geworden.

# 4. Die autoritäre Herrschaft der Kuomintang (1945–1987)

## *Die unmittelbare Nachkriegszeit und der «Zwischenfall vom 28. Februar 1947»*

Nach der Kriegskapitulation Japans fiel Taiwan am 25. Oktober 1945 auf der Grundlage der Potsdamer Erklärung der USA, Großbritanniens und Chinas vom 26. Juli desselben Jahres an die Republik China.[1] Obwohl die nationalchinesischen Truppen unter dem Oberbefehl von General Chiang Kai-shek mit Begeisterung von der kriegsmüden Bevölkerung Taiwans empfangen wurden, änderte sich diese Stimmung sehr bald.[2] Taiwan wurde unter militärische Verwaltung gestellt. Alle Japaner mussten Taiwan verlassen.[3] Das neue *Kuomintang*-Regime unter Gouverneur Chen Yi, einem Protegé von Chiang Kai-shek, entpuppte sich rasch als repressiv, inkompetent und korrupt. Die bis dahin weitgehend intakte Wirtschaft wurde rücksichtslos für die Finanzierung des nationalistischen Bürgerkriegs gegen die Kommunisten auf dem Festland ausgebeutet. Eine galoppierende Inflation dokumentierte die Unfähigkeit der neuen Machthaber, die produktive Wirtschaft Taiwans nach den Zerstörungen des Krieges wieder anzukurbeln. Sinkende Steuereinnahmen wurden mit der Notenpresse ausgeglichen. Die Inselbevölkerung litt schon bald unter dramatischen Versorgungsengpässen, während viele Geschäftsleute und KMT-Beamte Getreide und Waren horteten. Krankheiten wie die Cholera, Malaria, Lepra oder die Beulenpest, die unter den Japanern als bereits besiegt galten, kehrten unter den miserablen hygienischen Bedingungen, die sich nun erneut einstellten, und einem kollabierenden Gesundheitssystem wieder zurück. Gleichzeitig besetzten Festländer alle Schaltstellen in Politik, Verwaltung und den großen Staatsunternehmen. Einheimische konnten lediglich in niederen Positionen arbeiten – ganz so wie während der japanischen Kolonialzeit.[4] Hinzu kamen sprachliche Barrieren zwischen der *han*-chinesischen Inselbevölkerung, die den *Minnanyu*- oder *Hakka*-Dialekt sprach, und den aus China geflüchteten Festländern, die in Mandarin miteinander kommunizierten.[5] Schließlich begegneten diese den Taiwanern, die sie als Kollaborateure der Japaner betrachteten, mit Verachtung, während die Taiwaner wiederum die Festländer als unkultivierte, rückständige Unterdrücker ansahen und sich viele von ihnen der japanischen Fortschrittskultur, wenn nicht gar Japan als Land, mehr verbunden fühlten als einem ihnen unbekannten China. So waren die Beziehungen zwischen Festländern und Taiwanern schon nach kurzer Zeit überaus angespannt und das Chen Yi-Regime politisch diskreditiert. Daran änderte auch die Einführung von Direktwahlen für eine Provinzversammlung sowie für weitere lokale Vertretungsorgane auf den untergeordneten Verwaltungsebenen im Jahr 1946 nichts, denn die dort von gewählten Taiwanern gestellten Forderungen nach weitergehenden Rechten für die einheimische Mehrheitsbevölkerung wurden von Gouverneur Chen Yi ignoriert.

Eine handgreifliche Auseinandersetzung am 27. Februar 1947 in Taipei zwischen zwei Beamten der staatlichen Monopolbehörde und einer Frau, die illegal Zigaretten verkaufte, war der Auslöser für eine Entladung des aufgestauten Zorns der einheimischen Bevölkerung über das korrupte Regime Chen Yis und die schwierige wirtschaftliche Lage. Passanten eilten der Frau, die von den Beamten geschlagen wurde, zu Hilfe. Im anschließenden Handgemenge mit den Beamten wurde ein Mann erschossen. Einen Tag später, am 28. Februar, kam es zu massiven Straßenprotesten. Ein Demonstrationszug von rund 2000 Menschen zur Monopolbehörde und anschließend zum Gouverneurspalast führte zu weiteren Toten und Verletzten sowie zu neuen Protesten, die sich in kurzer Zeit über die ganze Stadt und schließlich die gesamte Insel ausbreiteten. Regierungsbehörden und Polizeistationen wurden besetzt. Schnell gerieten die Festländer ins Fadenkreuz der demonstrierenden Taiwaner. Allein am 28. Februar sollen ca. 100 Festländer erschlagen und 900 verletzt worden sein. In den nächsten Tagen kamen möglicherweise ca. 1000 weitere von ihnen zu Tode, viele andere tauchten unter oder verbarrikadierten sich in Regierungsgebäuden und Polizeistationen.[6] In den Städten bildeten taiwanische Eliten eigene Komitees, um das öffentliche Leben zu regeln. Das in Taipei gegründete Schlichtungskomitee, auf dessen Forderungen Chen Yi zunächst positiv reagierte, stellte im Verlauf der ersten Märztage zunehmend weitergehende Forderungen nach einer Begrenzung der KMT-Herrschaft über Taiwan. Diese reichten bis zu einem 32-Punkte-Katalog, dessen Implementierung eine sehr weitreichende politische Autonomie Taiwans verwirklicht und zudem die Abschaffung des *Taiwan Garrison Command,* der Zentrale der Geheimpolizei der KMT, zur Folge gehabt hätte. Dies wäre auf ein Ende der KMT-Herrschaft in Taiwan hinausgelaufen.[7]

Chen verhandelte zwar, hatte aber bereits heimlich Verstärkungstruppen vom Festland angefordert. Diese landeten zwischen dem 8. und 10. März im nördlichen Keelung und im südlichen Kaohsiung. Innerhalb weniger Tage hatten sie den Aufstand niedergeschlagen. Danach setzten systematische Verfolgungen ein, mit denen das KMT-Regime über zehn Wochen seinen Feinden bis in die entlegensten Winkel der Insel nachstellte. Tausende von Taiwanern wurden umgebracht, teilweise in organisierten Massenexekutionen. Offizielle Schätzungen über die Zahl der Todesopfer bewegen sich in Größenordnungen von 10 000–30 000, manche der taiwanischen Unabhängigkeitsbewegung nahestehende Aktivisten und Wissenschaftler gehen gar von 100 000 getöteten Taiwanern aus.[8] Zudem wurden Tausende inhaftiert, etwa 3000 Taiwaner flohen ins Ausland. Taiwan verlor eine ganze Generation seiner Eliten: Schriftsteller und Künstler, Lehrer und Dozenten, Journalisten, Ärzte, Rechtsanwälte, die Anführer der *Yuanzhumin* – sie alle gerieten in das Fadenkreuz einer brutalen staatlichen Unterdrückung. Auch in den folgenden Jahren hielten die Verfolgungen und Ermordungen von wirklichen und vermeintlichen Regimegegnern an: Die 1950er und 1960er Jahre sind als die besonders repressiven Dekaden des «Weißen Terrors» in die Geschichte Taiwans eingegangen, mit dem die autoritäre Ära der KMT-Herrschaft in Taiwan zwischen 1947 und 1987 verbunden wird. Unter dem Vorwurf, «kommunistische Banditen» zu sein, wurden *han*-chinesische Taiwaner und Ureinwohner, Frauen und Männer sowie Menschen aller sozialen Schichten in gleicher Weise verfolgt.

Gouverneur Chen Yi wurde auf das Festland versetzt und durch den Karrierediplomaten Wei Tao-ming (1899–1978) ersetzt.[9] Mit ihm änderte sich die Politik der KMT in Taiwan, zumal immer deutlicher wurde, dass das Festland gegen die vorrückenden Kommunisten nicht gehalten werden konnte und es deshalb nur eine Frage der Zeit war, bis die nationalistische Führung nach Taiwan flüchten würde. Der neue Gouverneur konzentrierte sich auf Maßnahmen zur wirtschaftlichen Konsolidierung und stoppte die Ausfuhr taiwanischer Ressourcen und Güter nach China. Er reformierte auch die lokalen Selbstverwaltungsorgane, allerdings ohne nennenswerte Partizipationszugewinne für die Taiwaner und in erster Linie mit dem Ziel, die politische Ordnung zu stabilisieren. Die wirtschaftlichen Bemühungen des neuen Gouverneurs wurden durch die gegen Ende 1948 einsetzende Massenflucht von Bürgerkriegsflüchtlingen nach Taiwan[10] und die sich endgültig abzeichnende Niederlage der KMT gegen die Volksbefreiungsarmee Mao Zedongs begünstigt: Immer weniger Güter wurden nun auf das Festland verschifft, während die Inflation durch die Erosion des ruinösen KMT-Preissystems abflaute. Allmählich erholte sich die taiwanische Wirtschaft von den Folgen des chinesischen Bürgerkriegs.

Der «Zwischenfall vom 28. Februar» (*er-er-ba shijian*), wie die Geschehnisse des Jahres 1947 in Taiwan offiziell bezeichnet werden, und der anschließende «Weiße Terror» rissen tiefe Gräben zwischen Festländern und Taiwanern. Die Erinnerung daran belastet die taiwanische Gesellschaft bis heute, auch wenn der KMT-Staat nach dem Ende der autoritären Zeit einige Anstrengungen unternahm, die Vergangenheit aufzuarbeiten. Hier liegt der Ausgangspunkt für die Entstehung der taiwanischen Unabhängigkeitsbewegung, die allerdings bis zum Ende der autoritären KMT-Herrschaft nur vom Ausland aus operieren konnte. Auch die seit den 1990er Jahren heftig diskutierte taiwanische «Identität» bzw. der taiwanische Nationalismus sind auf die Geschehnisse im Februar und März 1947 sowie auf den «Weißen Terror» und deren politische und intellektuelle Verarbeitung im nachautoritären Taiwan zurückzuführen.

### *Exodus nach Taiwan*

Inzwischen hatte sich die militärische Lage auf dem Festland so verschlechtert, dass die Übersiedelung der KMT-Regierung nach Taiwan vorbereitet wurde. In den folgenden Monaten wurden umfangreiche Geld- und Sachmittel nach Taiwan transferiert – darunter auch der größte Teil der Sammlungen des Palastmuseums in Peking. Gleichzeitig nahm die Zahl festlandchinesischer Flüchtlinge nach Taiwan stetig zu. Am 10. Mai 1948 verkündete die nationalistische Zentralregierung die «Vorübergehenden Bestimmungen für den Zeitraum der nationalen Mobilisierung zur Unterdrückung des kommunistischen Aufstands», mit denen die Verfassung der Republik China außer Kraft gesetzt und Präsident Chiang Kai-shek umfassende Dekretrechte sowie eine unbegrenzte Amtszeit eingeräumt wurden.[11] Im Mai 1949 wurde das Kriegsrecht über die Insel verhängt und blieb nahezu 40 Jahre in Kraft.[12] Schließlich setzte am 7. Dezember 1949 eine militärisch von den Kommunisten besiegte nationalchinesische Regierung mit Chiang an ihrer Spitze nach Taiwan über. Damit begann offiziell die Zeit der Republik China in Taiwan. In den folgenden zwei bis drei Jahren folgten ihr zwischen 1,5 und zwei Millionen Festlandchinesen, darunter ca. 600 000 Soldaten und Offiziere der KMT-Streitkräfte sowie eine große Zahl von Unternehmern, vor allem aus der Region Schanghai.

Deren Ausgangsbedingungen waren angesichts der wirtschaftlichen und sozialen Missstände sowie der politischen Frontstellung zwischen Festländern und Taiwanern zunächst kaum besser als für das Regime Chen Yis am Ende der japanischen Kolonialzeit. Die USA, bis dahin der wichtigste außenpolitische Verbündete Chiang Kai-sheks, spielten mit dem Gedanken einer Anerkennung der neu gegründeten VR China. Die finanzielle Unterstützung des Chiang-Regimes wurde nach dem Ende des chinesischen Bürgerkriegs zunächst ausgesetzt. Zudem drohte Taiwan die Eroberung durch Maos Truppen. Diese Gefahr wurde erst durch die von der nationalistischen Armee im Oktober 1949 gewonnene Schlacht von Guningtou auf der Insel Kinmen[13] und letztlich durch den Koreakrieg gebannt, der im Juni 1950 ausbrach. Die USA, die Chiang Kai-shek bereits aufgegeben hatten, schwenkten nun auf eine antikommunistische *containment*-Politik um und brachten die Republik China unter den militärischen Schutz ihrer 7., im westlichen Pazifik operierenden Flotte. So wurde es Chiang und der KMT möglich, politisch zu überleben und alle Anstrengungen auf die Konsolidierung und Stärkung Taiwans zu lenken. Die Insel sollte zu einer chinesischen Modellprovinz und zum Ausgangspunkt für eine baldige Rückeroberung des chinesischen Festlandes ausgebaut werden – hier dachte Chiang Kai-shek ganz ähnlich wie Koxinga rund 300 Jahre zuvor. Im Unterschied zu Koxinga und seinen Nachkommen blieb dem Generalissimo jedoch das Schicksal erspart, am Ende von seinen Erzrivalen in China unterworfen zu werden. Der am 2. Dezember 1954 zwischen Washington und Taipei geschlossene Verteidigungspakt verhalf der Republik China zu einer fortgesetzten Existenz und sicherte den Neuanfang des KMT-Regimes ab. Auf dieser Grundlage wurde das *United States Taiwan Defense Command* eingerichtet, und es wurden US-Einheiten auf Taiwan stationiert. Zu Zeiten des Vietnamkriegs in den späten 1960er Jahren erreichten diese eine Größenordnung von 30 000 Soldaten.

## *Wirtschaftliche und soziale Entwicklung*

Nach ihrer Flucht setzte die KMT-Führung alles daran, ihre Herrschaft auf Taiwan rasch zu konsolidieren und die materiellen Voraussetzungen für eine schnellstmögliche Rückeroberung des Festlands zu schaffen. Die von den Japanern hinterlassenen und durch alliierte Bombardierung schwer in Mitleidenschaft gezogenen industriellen Anlagen mussten wieder aufgebaut und die wirtschaftliche Entwicklung der Insel vorangetrieben werden. Unterstützt von umfangreicher US-amerikanischer Wirtschafts- und Militärhilfe,[14] verfolgte die Regierung bald eine Strategie der Importsubstitution, d. h. das Ziel, importierte Waren durch eigene Produkte zu ersetzen. Dazu wurde zunächst in den Jahren 1949–1953 eine dreistufige Landreform durchgeführt, die die alte Grundbesitzerklasse entmachtete, die bäuerlichen Einkommen stark ansteigen ließ und zu einer raschen Steigerung der landwirtschaftlichen Produktivität führte.[15] Laut offiziellen Angaben der Regierung Taiwans wurden durch die Bodenreform zwischen 1949 und 1953 etwa 2,6 Millionen Hektar Land enteignet und an 1,4 Millionen Haushalte umverteilt. Insgesamt erlangten durch die Landreform mehr als zwei Millionen Taiwaner Eigentumsrechte an Grund und Boden. Ihr Durchschnittseinkommen stieg zwischen 1949 und 1953 um 81 Prozent. Der KMT gelang damit zu einem sehr frühen Zeitpunkt ihrer Herrschaft auf Taiwan die «Lösung der Bauernfrage», die in vielen Entwicklungsländern bis heute schwelt, den sozialen Frieden belastet und dem wirtschaftlichen Fortschritt entgegensteht.[16]

Alsdann förderte das KMT-Regime durch eine geschickte Steuer- und Subventionspolitik die Entstehung eines leichtindustriellen Sektors (u. a. die Produktion von Textilien), der die Arbeitslosigkeit rasch sinken ließ. Diese heimischen Industrien, allen voran die Textil- und Spielwarenindustrie, wurden durch hohe Zollmauern geschützt und durch unterschiedliche steuerpolitische Maßnahmen weiter gefördert. Entscheidend war dabei, dass dieser Teil der taiwanischen Wirtschaft dem einheimischen Privatunternehmertum überlassen wurde. Der Staat konzentrierte sich demgegenüber auf die Bereitstellung der grundlegenden Transportinfrastruktur sowie auf die industrielle Basisversorgung mit Düngemitteln für die Landwirtschaft, Elektrizität und anderen Rohstoffen für die industrielle Fertigung (petrochemische Erzeugnisse, Zement etc.). Die Durchschnittseinkommen der Haushalte stiegen rasch an.

Ende der 1950er Jahre waren die Binnenmärkte jedoch gesättigt: Investitionskapital wurde knapp und das Tempo der Wirtschaftsentwicklung ließ spürbar nach. Die Importsubstitutionsstrategie stieß allmählich an ihre Grenzen. In enger Abstimmung mit dem *Council for U. S. Aid*, der die Verwendung der US-amerikanischen Finanzmittel kontrollierte, schwenkte die KMT-Regierung in den Jahren 1961–1964 auf eine Strategie der Exportindustrialisierung um: Das Währungssystem wurde liberalisiert, ein Aktienmarkt geschaffen, der Protektionismus zugunsten der heimischen Industrien abgebaut, das Bankensystem modernisiert und solche Unternehmen durch vornehmlich steuerliche Anreize gefördert, die sich mit ihren Produkten der Herausforderung des internationalen Wettbewerbs stellen wollten. Dabei legte der Staat weiterhin besonderen Wert auf die Förderung arbeitsintensiver Industrien wie die Produktion von Textil-, Plastik-, Gummi- und Papiererzeugnissen sowie von Chemikalien und elektronischen Billigartikeln, nicht zuletzt um die in der Landwirtschaft zunehmend freigesetzten Arbeitskräfte zu absorbieren. Der Staat förderte die Exportindustrie mit Steuervorteilen, «weichen» Krediten und der Bildung von Exportkartellen. Die Landwirtschaft wurde modernisiert und intensiviert, u. a. durch Flurbereinigungen, neue Bewässerungssysteme sowie die Umstellung auf lukrative Exportprodukte wie Champignons, Spargel und Aale. Spezielle Exportverarbeitungszonen[17] zogen internationales Kapital an, während die USA ihre Märkte für taiwanische Produkte öffneten und dabei erhebliche Handelsbilanzdefizite hinnahmen.[18] So konnte die taiwanische Wirtschaft hinter hohen Zollmauern wachsen, weil die USA diesen Merkantilismus aus politischen Gründen duldeten und Taiwan einen globalen Wettbewerbsvorteil verschafften. Schon bald wurden die USA zum wichtigsten Absatzmarkt für taiwanische Produkte. Der Erfolg der taiwanischen Exportindustrialisierung der 1960er und 1970er Jahre schlug sich in jährlichen Wachstumsraten des Bruttosozialprodukts zwischen sieben und zwölf Prozent nieder.[19]

Die staatliche Wirtschaftsplanung und wirtschaftspolitischen Maßnahmen, die Taiwan als Paradebeispiel des später weltweit diskutierten Modells des ostasiatischen Entwicklungsstaates auswiesen, wurden von einer im internationalen Vergleich beeindruckenden Nivellierung der Einkommensverteilung begleitet.[20] Dies lag vor allem an der Bedeutung der großen Zahl kleiner und mittelständischer Privatunternehmen in den Zuliefererindustrien, die nun entstanden, und für die im Laufe der 1960er Jahre allmählich Fahrt aufnehmende Exportwirtschaft der Inselrepublik. Zwischen 1958 und 1970 verachtfachte sich das taiwanische Handelsvolumen (von 382 Mio. US-Dollar auf ca. 3 Milliarden US-Dollar). Es entstand ein dynamisches, fast ausschließlich von einheimischen Taiwanern getragenes Privatunternehmertum, das die Exportwirtschaft dominierte, und dessen zunehmende Prosperität die *benshengren* für ihre politische Entmündigung durch das KMT-Regime entschädigte. Die aus der Exportindustrialisierung entstehende Wirtschaftsstruktur trug zur Verhinderung von Einkommenskonzentrationen bei, milderte Verteilungskämpfe ab und ist ein wesentlicher Faktor für eine bis heute anhaltende, gesellschaftliche Stabilität. Begleitet wurde die Wirtschaftspolitik dieser Zeit von einer großangelegten Bildungsoffensive, mit der die KMT-Regierung das Schul- und Ausbildungswesen, auch die berufliche Weiterbildung, systematisch ausbaute.[21]

Das taiwanische «Wirtschaftswunder», also die erfolgreiche Transformation Taiwans zu einer hochwettbewerbsfähigen Welthandelsnation, setzte sich in den 1970er und 1980er Jahren durch staatliche Infrastrukturinvestitionen[22] und die Förderung technologischer Innovationen, eine hohe Marktflexibilität sowie kontinuierliche «Produktveredelungen» im besonders dynamischen mittelständischen Privatsektor fort. Dies führte dazu, dass Taiwan in den frühen 1990er Jahren, nach dem Ende der autoritären Ära, zu einer High-Tech-Ökonomie und zum weltweit führenden Produzenten und Exporteur von Computer-Hardware aufstieg, und bald auch zum Global Player in der Halbleiterindustrie wurde. All dies veränderte die Bevölkerungsstruktur grundlegend. Es entstand eine moderne Industrie- und Dienstleistungsgesellschaft unter autoritären Rahmenbedingungen, in der es eine besondere «Arbeitsteilung» gab: Während die Festländer die Schaltstellen der Macht besetzten, dominierten Taiwaner die für die Insel lebenswichtige Exportwirtschaft, geprägt von einer familienbasierten Struktur kleiner und mittlerer Unternehmen des privaten Sektors. Durch die damit verbundenen Wohlstandsgewinne wurde die politische Marginalisierung der Taiwaner teilweise kompensiert: Der größte Teil der Bevölkerung arrangierte sich mit dem autoritären politischen System und schrieb der KMT den wirtschaftlichen Aufstieg des Landes gut.

Allerdings wurden diese Wirtschaftsleistung und die damit verbundenen Wohlstandsgewinne in der autoritären Ära mit einer korporatistischen Knebelung der Arbeiterschaft, einer rasanten Zerstörung der natürlichen Umwelt sowie der politischen Entmündigung und Unterdrückung der einheimischen Bevölkerung erkauft – vor allem jener Teile, die politisch dachten. In den frühen 1970er Jahren, als das KMT-Regime in eine von außen angestoßene Legitimationskrise geriet (siehe unten) und sich gesellschaftlicher Druck aufbaute, begann schließlich eine Gruppe von Intellektuellen und Aktivisten damit, die bestehenden politischen Verhältnisse offen zu kritisieren und politische Reformen einzufordern. Unterstützt wurden sie dabei von kritischen Segmenten einer neuen taiwanischen Mittelklasse, die sich im Zuge der wirtschaftlichen Entwicklung und gesellschaftlichen Ausdifferenzierung der vergangenen Jahrzehnte herausgebildet hatte. Bald sah sich die KMT mit den politischen Konsequenzen ihrer wirtschaftlichen Erfolge konfrontiert. Taiwan steuerte auf eine neue Ära zu.

## Repression und begrenzte Partizipation

Die Erfolge der Wirtschaftspolitik des Regimes entfalteten sich im Rahmen eines vor allem in den ersten beiden Dekaden der KMT-Herrschaft überaus autoritären politischen Systems: Ausnahmebestimmungen setzten die auf Taiwan eigentlich geltende Verfassung der Republik China von 1947 in wichtigen Punkten außer Kraft.[23] Im Mai 1949 war zudem das damals auf dem chinesischen Festland bereits bestehende Kriegsrecht auf Taiwan ausgedehnt worden. Dadurch wurde nicht nur die Amtszeitbeschränkung des Staatspräsidenten aufgehoben und diesem das Recht zur Einrichtung eines faktisch über der Verfassung stehenden Nationalen Sicherheitsrats eingeräumt, sondern es wurden auch die Abgeordnetenmandate für die beiden wichtigsten zentralen Parlamente, Nationalversammlung und Legislativyuan, auf unbestimmte Zeit verlängert. So behielten die auf dem Festland in den späten 1940er Jahren gewählten Parlamentarier – knapp die Hälfte von ihnen setzte sich zum Ende des chinesischen Bürgerkriegs nach Taiwan ab – ihre Mandate und garantierten der KMT eine unangefochtene Herrschaft auf pseudodemokratischer Grundlage.

Politisch waren die ersten beiden Nachkriegsjahrzehnte durch ein Nebeneinander von Repression und begrenzter politischer Teilhabe geprägt. Anfang der 1950er Jahre wurde zunächst der marode Parteiapparat der KMT einer umfassenden Restrukturierung, Professionalisierung und Verjüngung mit einheimischen Kräften unterzogen. Dazu setzte Chiang Kai-shek ein spezielles Reformkomitee ein, das die Aufgabe hatte, KMT-Parteibüros überall auf der Insel zu installieren, neue Parteikader zu rekrutieren und diese auf die offizielle Partei- und Staatsideologie, die «Drei Volksprinzipien»,[24] ideologisch einzuschwören. Auch die Ausmerzung der notorischen Korruption im Parteiapparat stand auf der Agenda des Komitees. Dessen Arbeit war effizient: Nach nur wenigen Jahren hatte sich die KMT grundlegend erneuert. Von ca. 100 000 Mitgliedern 1950 wuchs die Partei auf ca. eine Million Mitglieder Ende der 1960er Jahre an; schon 1952 waren mehr als die Hälfte davon einheimische Taiwaner.

Das politische System der Republik China wurde in Taiwan nahezu unverändert installiert: An seiner Spitze stand zunächst General Li Tsung-jen, nachdem Chiang Kai-shek im Januar 1949 vom Amt des Staatspräsidenten zurückgetreten war – um symbolisch Verantwortung für die Niederlage im Bürgerkrieg zu übernehmen. Chiang blieb jedoch KMT-Vorsitzender und Oberbefehlshaber der Streitkräfte. Im März 1950 erzwang er durch eine inszenierte Wahl seine Rückkehr ins Präsidentenamt und behielt dieses, auf der Grundlage der 1948 erlassenen Ausnahmebestimmungen und des Kriegsrechts, bis zu seinem Tod. Die Mandate der 1947 gewählten Abgeordneten der drei Zentralparlamente – die Nationalversammlung, das Parlament (Legislativyuan) und ein Rechnungshof mit erweiterten Befugnissen für die disziplinarische Aufsicht über alle Beamten und öffentlichen Mandatsträger, der Kontrollyuan – wurden bis zu den nächstmöglichen gesamtchinesischen Wahlen eingefroren. Damit waren Taiwaner bis auf weiteres von jeder politischen Teilhabe auf nationaler Ebene ausgeschlossen. Unter dem geltenden Kriegsrecht war die Bevölkerung zudem der scharfen Kontrolle des taiwanischen Garnisonshauptquartiers (*Taiwan Garrison Command*) unterworfen – eine gefürchtete Einrichtung, die u. a. für die Verhaftung und Aburteilung von Regimegegnern zuständig war. Jedwede politische Opposition geriet auf diese Weise in das Fadenkreuz einer allmächtigen Militärgerichtsbarkeit und war lebensgefährlich.

Im Widerspruch zu dieser autoritären Herrschaftspraxis, durchaus aber in Einklang mit dem von Sun Yat-sen[25] in seinen «Drei Volksprinzipien» angelegten Modernisierungsprogramm für die neue chinesische Republik, implementierte das KMT-Regime schon in den frühen 1950er Jahren ein System lokaler Selbstverwaltung mit Direktwahlen von der Gemeinde- bis zur Provinzebene,[26] an denen auch unabhängige Kandidaten teilnehmen durften. Damit wurde dem Umstand Rechnung getragen, dass die Festländer eine strukturelle Minderheit innerhalb der Inselgesellschaft bildeten und die KMT somit die Zusammenarbeit mit den lokalen Eliten suchen musste, um eine reibungslose Verwaltungskontrolle über Taiwan ausüben zu können. In den verschiedenen Lokalfaktionen[27] vor allem im ländlichen Raum fand das KMT-Regime einflussreiche und kooperationsbereite Bündnispartner für seine Strategie, ausreichend Herrschaftslegitimation durch freie Wahlen zu generieren, ohne dabei an Macht einzubüßen. Im Rahmen eines klientelistischen Arrangements sorgten die Lokalfaktionen für die Mobilisierung von Stimmen für KMT-loyale Amtsbewerber. Diese erhielten nach ihrer Wahl Zugriff auf öffentliche Ressourcen, vor allem durch ihre Kontrolle über die Kreditfonds der Agrar- und Fischergenossenschaften, durch die sie wiederum die wirtschaftlichen und politischen Interessen der sie stützenden Lokalfaktionen absichern konnten. Dabei verstand es die KMT, zwei oder mehr Faktionen pro Landkreis gegeneinander auszuspielen, so dass keine einzelne zu mächtig werden konnte. Nicht immer ging diese Strategie auf; einzelne Wahlerfolge von KMT-kritischen Personen waren möglich. Aber die Tatsache, dass im Fall von interfaktionellen Zwistigkeiten oder bei großer Popularität einzelner unabhängiger Kandidaten auch Regimegegner in einflussreiche lokale Ämter gelangen konnten, trug letztlich eher zur Stärkung des KMT-Regimes bei, als dass es dieses schwächte; denn während sich auf diese Weise mancherorts kritische Stimmen zu Wort melden konnten und damit «Druck aus dem Kessel» nahmen, blieb der harte Widerstand gegen die KMT überschaubar und konnte notfalls leicht unterdrückt werden.[28]

Kritik an den herrschenden Verhältnissen war gefährlich, die Gründung von Oppositionsparteien verboten. Zugelassen waren allein die *Chinesische Jugendpartei* (CJP) und die *Chinesische Demokratisch-Sozialistische Partei* (CDSP), zwei loyale Blockparteien, die mit der KMT nach Taiwan gekommen waren und keine eigenständige politische Rolle spielten.[29] Ein 1960 unternommener, aber gescheiterter Versuch einer Gruppe festlandchinesischer und taiwanischer Intellektueller um den Regimekritiker Lei Chen (1897–1979), eine Oppositionspartei zu gründen, stellte die größte Herausforderung für die KMT-Herrschaft vor der Entstehung einer veritablen Oppositionsbewegung in den 1970er Jahren dar.[30] Auch die internationales Aufsehen erregende Anstrengung des Politikwissenschaftlers und späteren Oppositionspolitikers Peng Ming-min (1923–2022) und zwei seiner Studenten an der Nationalen Taiwan-Universität (*National Taiwan University*), mit der Veröffentlichung einer 1964 verfassten «Erklärung über die Unabhängigkeit Taiwans» Unterstützung für eine entsprechende Bewegung zu mobilisieren, wurde mit der umgehenden Inhaftierung Pengs und seiner Mitstreiter beantwortet und verpuffte schnell.[31] Beide Ereignisse inspirierten allerdings die politischen Aktivisten der 1970er und 1980er Jahre und bereiteten der Formierung der taiwanischen Oppositions- und Unabhängigkeitsbewegung den Weg.

Die Arbeiterschaft hatte unter der autoritären KMT-Herrschaft keinerlei politischen Bewegungsspielraum, die existierenden Gewerkschaften waren gleichgeschaltet. Gleichzeitig blieben den einheimischen Taiwanern und Taiwanerinnen führende Positionen im Staatsdienst und der Zugang zu den KMT-Spitzengremien – trotz ihrer bereits in den 1950er Jahren einsetzenden Rekrutierung in den Parteiapparat – verschlossen, so dass sich die politisch-administrative Klasse der Republik China in der autoritären Ära nahezu ausschließlich aus der Gruppe der geflohenen Festländer und ihrer Nachkommen rekrutierte. Gleichzeitig wurden die Taiwaner einer rigiden Sinisierungspolitik unterworfen, die das gesamte Bildungssystem auf die Vermittlung eines sinozentrischen Geschichtsbewusstseins ausrichtete und die taiwanische Kultur und Geschichte absichtlich ausblendete bzw. auf einen kleinen Teil der «glorreichen» chinesischen Geschichte reduzierte. Dem entsprach die erzwungene Verdrängung des *Minnanyu* und anderer taiwanischer Dialekte aus den Schulen zugunsten der chinesischen Hochsprache, des Mandarin. Die gesamte nationale Symbolik wurde gesamtchinesisch ausgerichtet, die Taiwaner somit kulturell entmündigt.

Bis Ende der 1960er Jahre hielt Chiang Kai-shek an seiner Vision einer militärischen Rückeroberung des Festlandes fest, bis ihm die USA unmissverständlich zu verstehen gaben, dass sie ein solches Unterfangen nicht unterstützen würden.[32] Washington plante längst eine politische Annäherung an das kommunistische China, das in der Auseinandersetzung mit der Sowjetunion gebraucht wurde. Dadurch geriet das KMT-Regime in den 1970er Jahren nicht nur innen-, sondern auch außenpolitisch unter Druck.

### *Die Entstehung einer Oppositionsbewegung in den 1970er Jahren*

Durch die politische Annäherung der USA an China seit Ende der 1960er Jahre, die für beide Seiten eine antisowjetische Stoßrichtung hatte, veränderte sich die internationale Stimmung gegenüber der Republik China. Diese verlor 1971 ihren Sitz in den Vereinten Nationen, und damit auch ihre ständige Mitgliedschaft im VN-Sicherheitsrat.[33] Nachdem Washington und Peking ihre Beziehungen auf der Grundlage des Kommuniqués von Schanghai vom 27. Februar 1972 normalisierten,[34] kündigten die meisten Staaten ihre diplomatischen Beziehungen mit der Republik China auf und wendeten sich der Volksrepublik China zu. Durch die Aufnahme diplomatischer Beziehungen zwischen Washington und Peking zum 1. Januar 1979, die damit verbundene Aufkündigung des 1954 zwischen Washington und Taipei geschlossenen Verteidigungspaktes und den Abzug der zu diesem Zeitpunkt noch in Taiwan stationierten US-Truppen verschärfte sich die außenpolitische Isolierung der Inselrepublik dramatisch. Dies hatte verheerende Auswirkungen auf die Herrschaftslegitimation des KMT-Regimes nicht nur im Ausland, sondern auch in Taiwan. Die Zukunft der chinesischen Restrepublik in Taiwan, der schon bald jede nennenswerte internationale Anerkennung versagt war, schien mehr als ungewiss.

Während außenpolitisch durch ein Bekenntnis Washingtons zu

unverändert engen Beziehungen mit Taipei und die Verabschiedung des *Taiwan Relations Act*[35] durch den US-Kongress im März 1979 schließlich eine gewisse Stabilisierung der Lage erreicht werden konnte, war die KMT innenpolitisch zu Anpassungen ihres Regierungsstils gezwungen. Sie reagierte mit einer Reformoffensive ihres neuen starken Mannes: Chiang Ching-kuo (CCK, 1910–1988),[36] der älteste Sohn von Chiang Kai-shek. 1972 zum Regierungschef aufgestiegen, folgte er seinem am 5. April 1975 verstorbenen Vater zunächst im Amt des KMT-Parteichefs und wurde drei Jahre später auch Staatspräsident. Chiang Ching-kuo sollte zu einer prägenden Figur der späten autoritären Ära und einem maßgeblichen Gestalter der allmählichen politischen Öffnung Taiwans werden. Er ging hart gegen die Korruption innerhalb der KMT vor, um damit ihr öffentliches Ansehen zu verbessern. Außerdem betrieb er eine systematische «Taiwanisierung» des Parteiapparates und setzte die Rekrutierung einheimischer Politiker auch in höhere Partei- und Regierungsämter durch.[37] Schließlich ließ er, erstmals 1972, «nationale» Zusatzwahlen für die Nationalversammlung, das Parlament und den Kontrollyuan zu, um die durch Tod und Krankheit der «ewigen Abgeordneten» freiwerdenden Sitze mit taiwanischen Nachrückern zu besetzen.[38] Diese einheimischen Mandatsträger konnten zahlenmäßig die gesetzgebende Mehrheit der Festländer zwar nicht gefährden, doch verschafften sie der Opposition in den politischen Institutionen mehr Gehör und einen begrenzten Handlungsspielraum.

In diese Zeit fiel die Formierung einer Gruppe von Regimegegnern, die unter dem Namen *Tangwai* – jene «außerhalb der Partei», also der regierenden KMT – auf die Gründung einer veritablen Oppositionspartei zusteuerten. Die wichtigsten Ziele dieser Bewegung waren politische Reformen und die Erlangung der taiwanischen Unabhängigkeit von China (*Taidu*), wenngleich nicht alle Unterstützer dieses zweite Ziel teilten bzw. ihm vorläufig dieselbe Bedeutung zumaßen wie dem ersten. Denn die Ablehnung der Idee eines geeinten bzw. wiedervereinigten Chinas war für das KMT-Regime eine rote Linie, der sich niemand ohne ein hohes persönliches Risiko nähern konnte. Die *Tangwai* organisierte sich landesweit in verschiedenen parteiähnlichen Zusammenschlüssen wie dem *Tangwai Campaign Assistance Corps* (gegründet 1977) oder der *Tangwai Research Association for Public Policy* (gegründet 1983). Diese Organisationen dienten vor allem der Mobilisierung von Wählerstimmen in den nationalen Zusatzwahlen und den verschiedenen Urnengängen auf lokaler Ebene. Vor allem aber setzten sie das KMT-Regime mit Forderungen nach politischen Reformen unter Druck. Besondere Bedeutung hatten die lokalen Büros der im Juni 1979 ins Leben gerufenen Zeitschrift *Formosa* (*Meilidao*), die das intellektuelle Sprachrohr der *Tangwai* in jener Zeit war. Ihre führenden Köpfe nahmen an den lokalen und (begrenzten) nationalen Wahlen teil und verbuchten dabei 1977 einen aufsehenerregenden Erfolg, als die *Tangwai*-Kandidaten mit einem Stimmenanteil von 34 Prozent 21 der 77 Sitze in der taiwanischen Provinzversammlung sowie vier der 21 Kreisvorsteher- und Bürgermeisterposten auf Kreisebene errangen.[39]

Obwohl immer wieder Mitglieder der Opposition verhaftet wurden, ließ in den späten 1970er Jahren die aus den vorangegangenen Dekaden gewohnte Repression nach. Die KMT unter der Führung Chiang Ching-kuos hatte erkannt, dass eine solche Politik die Herrschaftskrise des Regimes nur verschärfen würde. Denn auf den Straßen demonstrierten nicht nur einige wenige Dissidenten, sondern die «Vorhut» der modernen und partizipationswilligen Mittelschichten, die der Modernisierungsprozess in Taiwan hervorgebracht hatte. Allerdings bedeutete dies nicht, dass das Regime einfach zurückwich. Vielmehr wurde ein Rahmen abgesteckt, in dem kritische Stimmen sich zu Wort melden konnten. Wurde dieser Rahmen jedoch verlassen, etwa indem *Tangwai*-Aktivisten einzelne KMT-Politiker persönlich attackierten, den Kommunismus propagierten oder öffentlich für eine taiwanische Unabhängigkeit von China eintraten, griffen die Sicherheitskräfte ein.

### Der «Zwischenfall von Kaohsiung» und die Gründung der Demokratischen Fortschrittspartei

Als die Regierung die für den Dezember 1978 angesetzten nationalen Zusatzwahlen absagte, weil die USA kurz zuvor die endgültige Aufnahme offizieller Beziehungen zur VR China zum 1. Januar 1979 verkündet und damit eine ernste politische Krise in Taiwan ausgelöst hatten, radikalisierte sich die *Tangwai*.[40] Eine geplante Großdemonstration zum internationalen Tag der Menschenrechte in der südtaiwanischen Hafenstadt Kaohsiung am 10. Dezember 1979, in deren Verlauf es zu gewaltsamen Auseinandersetzungen zwischen Demonstranten und Sicherheitskräften kam, nutzten die Hardliner in der KMT zum Schlag gegen die *Tangwai* («Kaohsiung-Zwischenfall»). Etwa 100 Menschen wurden verletzt, fast die gesamte Führungsriege der Opposition wurde verhaftet und in einem Schauprozess im Frühjahr 1980 zu unterschiedlich langen Gefängnisstrafen verurteilt.[41] Oppositionelle Zeitschriften, darunter auch *Formosa*, wurden verboten. Als besonders grausame Folge dieses autoritären Rückschlags ging der nie aufgeklärte brutale Mord an der Mutter und den beiden Zwillingstöchtern des damals ebenfalls inhaftierten *Tangwai*-Politikers Lin Yi-hsiung in die politische Geschichte Taiwans ein.[42]

Dieser Schlag gegen die Opposition erwies sich jedoch rasch als Pyrrhussieg. Das KMT-Regime geriet nun auch zunehmend in die internationale Kritik, vor allem seitens der USA, des wichtigsten Verbündeten.[43] Unter der Präsidentschaft des Demokraten Jimmy Carter, der sich dem internationalen Kampf für Menschenrechte verschrieben hatte, forderte Washington mit Nachdruck eine Öffnung und Demokratisierung des politischen Systems in Taiwan. Indessen zeigte sich die *Tangwai* von der Verurteilung ihrer Anführer unbeeindruckt und setzte den Kampf um politische Reformen fort. Die Bewegung konsolidierte sich rasch, nicht zuletzt durch das Engagement nachrückender Ehepartner und enger Verwandte der

Führungsriege. 1983 entstand die *Tangwai Research Association for Public Policy* als weiterer Versuch, eine quasi-oppositionelle Partei zu gründen. Führende KMT-Politiker forderten erfolglos die Auflösung dieser neuen Gruppierung. Zu einem größeren Schlag gegen die Opposition kam es nicht mehr, obwohl die Behörden immer wieder lokale Büros der *Tangwai* schließen, Zeitschriften konfiszieren und vereinzelt auch oppositionelle Aktivisten inhaftieren ließen. In der *Tangwai* selbst gab es weiterhin erhebliche Spannungen zwischen moderaten und radikalen Kräften – also solchen Aktivisten, die den Weg durch die Institutionen gehen wollten, und anderen, die für eine außerparlamentarische Konfrontationsstrategie eintraten und die politischen Reformziele mit der *Taidu*-Problematik zu verbinden suchten.

Chiang Ching-kuo, der innerhalb der KMT-Führung mit den konservativen Kräften um eine Forcierung seines Reformkurses rang und sich gleichzeitig mit zunehmenden Protesten auf den Straßen konfrontiert sah, zwang seine Partei schließlich in Verhandlungen mit der *Tangwai*. Er erkannte, dass die Fortführung der Unterdrückungspolitik das Regime in eine Sackgasse manövrieren würde: Die KMT brauchte die einheimische Bevölkerung für die Absicherung ihrer Herrschaft in Taiwan, aber diese würde sich nicht länger mit den wenigen politischen Rechten abfinden, die ihr bisher gewährt wurden. Eine Politik der vorsichtigen Liberalisierung «von oben» erschien unter diesen Bedingungen als die kostengünstigste Option für die KMT. Im März 1986 setzte CCK ein parteiinternes zwölfköpfiges Reformkomitee ein, das einen Plan zur Aufhebung des Kriegsrechts, zur Legalisierung von Oppositionsparteien und zur Implementierung weiterer politischer Reformen ausarbeiten sollte. Diese Beratungen verliefen jedoch ergebnislos. Noch gab es keine Anzeichen für eine Reformwende. Vor diesem Hintergrund trafen sich am 28. September 1986 *Tangwai*-Vertreter im Grand Hotel in Taipei, um über die Nominierungen von Kandidaten und Kandidatinnen für die zum Jahresende anstehenden nationalen Zusatzwahlen zu beraten. Im Verlauf der hitzigen Debatten wurde die Entscheidung zur Gründung der ersten taiwanischen Oppositionspartei geboren und umgesetzt: Die Demokratische Fortschrittspartei (DFP) betrat die politische Bühne. Mit diesem Schritt forderte die politische Opposition das KMT-Regime wie nie zuvor heraus. Doch obwohl man allenthalben mit dem Verbot der neuen Partei rechnete und dies auch von namhaften KMT-Konservativen gefordert wurde, blieben entsprechende Maßnahmen aus. Auf ihrem ersten Parteitag im November 1986 definierte die DFP die politische Selbstbestimmung Taiwans und ein Plebiszit über den politischen Status der Insel als ihre wichtigsten langfristigen Ziele. Unmittelbar ging es jedoch um Demokratisierung – am besten mit der, notfalls aber auch gegen die herrschende KMT.[44] Auch dies führte nicht zu einem Verbot, obwohl die Propagierung der Unabhängigkeit Taiwans weiterhin als Landesverrat behandelt wurde. Die DFP wurde toleriert und konnte sogar, obwohl formal illegal, an den Wahlen im Dezember teilnehmen. Dort erreichte sie auf Anhieb Stimmenanteile von 24,6 Prozent (Legislativyuan) bzw. 19,9 Prozent (Nationalversammlung).

Chiang Ching-kuo hatte sich in der Parteiführung offenkundig gegen die Gegner einer demokratischen Öffnung des Regimes durchgesetzt: Die KMT war zur Machtteilung mit der Opposition bereit. Nachdem er im Oktober 1986 in einem Zeitungsinterview mit der *Washington Post* angekündigt hatte, das seit 1949 geltende Kriegsrecht in naher Zukunft aufheben zu wollen, vollzog Chiang Ching-kuo diesen Schritt schließlich am 14. Juli 1987, ein halbes Jahr vor seinem Tod.[45] Mit diesem Datum begann die demokratische Transition Taiwans.

# 5. Demokratisierung und außenpolitische Neuorientierung in der Ära Lee Teng-hui (1988–2000)

Mit der Gründung der DFP im September 1986 und der am 14. Juli 1987 erfolgenden Aufhebung des Kriegsrechts wurde die demokratische Transition Taiwans eingeleitet. Zwar hatte die *Tangwai*-Bewegung jahrelang darauf hingearbeitet; doch konnte sich die KMT noch 13 Jahre als führende politische Kraft behaupten. Entscheidend dafür war, dass sie – war die Entscheidung für eine Abkehr von ihrer autoritären Alleinherrschaft erst einmal gefallen – unter der Führung des charismatischen Lee Teng-hui nun selbst zum Motor des Reformprozesses wurde. Zu einem raschen Regierungswechsel kam es in Taiwan somit nicht.[1]

Am 13. Januar 1988 starb Chiang Ching-kuo. Das Präsidentenamt wurde daraufhin an seinen Stellvertreter Lee Teng-hui übertragen. Dieser übernahm ein Jahr später auch den Parteivorsitz der KMT. Damit stand zum ersten Mal ein einheimischer Taiwaner an der Spitze des Staates und der Regierungspartei. Im März 1990 wurde Lee, nach einem dramatischen Showdown mit seinen innerparteilichen, vor allem dem festlandchinesischen Lager entstammenden Kontrahenten, von der Nationalversammlung im Amt des Staatspräsidenten bestätigt. Lee, ein Hakka und Mitglied der Presbyterianischen Kirche, der in Japan studiert hatte, später in den USA zum Agrarökonomen promoviert wurde, als Professor an der Nationalen Taiwan-Universität gelehrt und vor seiner politischen Karriere verschiedene Tätigkeiten in der Regierungsverwaltung ausgeübt hatte, sollte in den nächsten zwölf Jahren die Geschicke Taiwans maßgeblich bestimmen. Er wurde zum Motor eines von der bisherigen Regierung ausgesteuerten Demokratisierungsprozesses und konnte die KMT bei einem großen Teil der Bevölkerung nunmehr als Reformkraft profilieren.

Nachdem im Januar 1988 ein liberales Versammlungs- und Vereinigungsgesetz erlassen und ein Jahr später die Gründung von Oppositionsparteien legalisiert worden war, hob Lee Teng-hui zum 1. Mai 1991 die «Vorübergehenden Bestimmungen für den Zeitraum der nationalen Mobilisierung zur Unterdrückung des kommunistischen Aufstands» auf. Dadurch wurde erstmals die Verfassung der Republik China aus dem Jahr 1947 vollumfänglich in Kraft gesetzt, die bis dahin weitreichenden Sondervollmachten des Präsidenten unterworfen und substanziell eingeschränkt worden war. Am 21. Juni 1990 verfügte der Oberste Gerichtshof (*Council of Grand Justices*) Taiwans nach einer Klage der Opposition in seiner Auslegung Nr. 261, dass alle in den späten 1940er Jahren auf dem chinesischen Festland gewählten Abgeordneten bis zum 31. Dezember 1991 endgültig von ihren Ämtern zurücktreten mussten und durch neue Mandatsträger zu ersetzen waren. Zu diesem Zeitpunkt konnte nur noch eine Handvoll Festländer ihre Ämter tatsächlich ausüben. Damit war der Weg frei für die ersten freien nationalen Wahlen in Taiwan.

## *Verfassungsreformen und Umbau des Regierungssystems*

Als Konsequenz aus dem Urteil des Obersten Gerichtshofes erließ die Nationalversammlung am 1. Mai 1991, nach einer vorgängigen Einigung zwischen KMT und DFP,[2] ein erstes Paket von Verfassungsreformen. Sie sahen erste gesamttaiwanische Wahlen der Nationalversammlung für Ende 1991 und des Legislativyuan – des taiwanischen Parlaments – für Ende 1992 vor. Damit war die demokratische Transition Taiwans abgeschlossen und es folgte die Phase der demokratischen Konsolidierung, die durch die Verabschiedung weiterer Verfassungsreformen (1992, 1994, 1997, 1999, 2000, 2005) markiert wurde.[3] Durch den mehrstufigen Prozess wandelte sich das politische System Taiwans zu einem präsidentiell-parlamentarischen Mischtyp, allerdings mit starken Richtlinienkompetenzen für den Präsidenten. Das postautoritäre Design des politischen Systems der Inselrepublik ist somit geprägt vom erfolgreichen Bestreben der KMT in der Ära Lee Teng-hui, entgegen der damals von der Opposition vehement geforderten Aufwertung des Parlaments, das Präsidentenamt stark zu halten und den institutionellen Rahmen des von Sun Yat-sen entwickelten fünfgliedrigen Regierungssystems, und somit den gesamtchinesischen Vertretungsanspruch der Republik China, zu erhalten. Das Regierungssystem der Republik China ist somit in der Ära Lee Teng-hui zwar erheblich umgebaut, in seiner Grundstruktur aber beibehalten worden. Es sieht heute wie folgt aus:

Der *Präsident* vertritt die Republik China nach außen und in allen wichtigen Staatsangelegenheiten. Vor allem bestimmt er die Chinapolitik der Regierung. Nach Maßgabe der 3. Verfassungsrevision vom Juli 1994 wird er in allgemeinen Wahlen direkt von der Bevölkerung Taiwans für eine Dauer von vier Jahren gewählt. Formal steht der Präsident außerhalb der Regierung und kann keine eigenen Gesetzesvorhaben in das Parlament einbringen. Doch er wirkt durch das Recht, den Regierungschef (Präsident des Exekutivyuan) ohne Zustimmung durch das Parlament (Legislativyuan) ins Amt zu setzen, erheblich an der Gestaltung der Politik mit. Das Parlament wiederum kann dem Regierungschef und seinem Kabinett zwar das Vertrauen entziehen, muss dann jedoch mit seiner Auflösung durch den Präsidenten und mit Neuwahlen rechnen. Dies bedeutet auch, dass, wenn eine oppositionelle Mehrheit im Parlament dem Regierungschef nicht das Vertrauen entzieht, wohl aber keinen der von der Regierung eingebrachten Gesetzesvorschläge passieren lässt, der politische Kurs des Präsidenten blockiert wird. Dies hat sich in der Zeit der Minderheitsregierung unter dem DFP-Politiker Chen Shui-bian zwischen 2000 und 2008 als starke Belastung für die demokratischen Institutionen erwiesen. Zu den weiteren Befugnissen des Präsidenten gehören die Verhängung von Notstandsgesetzen und die Einsetzung eines Nationalen Sicherheitsrats. Zudem ernennt er die Mitglieder aller anderen zentralen Verfassungsorgane (Justiz-, Kontroll- und Prüfungsyuan)[4] und vermittelt bei Streitigkeiten zwischen ihnen.

Der *Exekutivyuan*[5] ist die Regierung der Republik China und besteht derzeit aus elf Fachministerien (Inneres, Äußeres, Verteidigung, Finanzen, Bildung, Justiz, Wirtschaft, Verkehr, Gesundheit und Soziales, Kultur, Arbeit und Digitales) sowie mehreren Kommissionen und weiteren Fachbehörden, u. a. dem *Mainland Affairs Council*, dem *National Development Council*, dem *Council of Labour Affairs* und dem *Overseas Community Affairs Council*. Der Präsident des Exekutivyuan ist der Regierungschef. Er wird in westlichen Übersetzungen häufig auch als Premierminister bezeichnet. Dieser wird vom Staatspräsidenten ohne Zustimmung des Parlaments ernannt, obwohl er der Legislative, laut Verfassung, verantwortlich ist. Damit ähnelt die Position des Regierungschefs der in anderen präsidentiellen Systemen wie in Frankreich oder Südkorea, wo der Premierminister ebenfalls vom Staatspräsidenten ernannt (und abberufen) wird und die Regierung anführt. Allerdings haben die Staatspräsidenten dieser beiden Länder mehr direkten Einfluss auf den Gesetzgebungsprozess.[6] Daraus ergibt sich ein nicht unkompliziertes Kompetenzverhältnis zwischen Staatspräsident, Regierungschef und Parlament, das vor allem dann Spannungen erzeugt, wenn die Opposition – d. h. die in den Präsidentschaftswahlen unterlegene Partei – allein oder mit einem Partner über eine absolute Mehrheit im Parlament verfügt.

Im Gegensatz zu üblichen Regierungssystemen spaltete sich die Legislative in Taiwan bis zu den Verfassungsreformen vom Juni 2005 in zwei verschiedene Organe auf: *Nationalversammlung* und *Legislativyuan*. Dabei wurden die Zuständigkeiten der Nationalversammlung in den 1990er Jahren allerdings kontinuierlich reduziert. In der autoritären Ära besaß dieses Gremium die wichtigen Rechte der Präsidentenwahl und -abberufung sowie der Verfassungsänderung. Nach der demokratischen Wende wurden die Abgeordneten der Nationalversammlung im Dezember 1991 erstmals seit der Exilierung der Republik China nach Taiwan und der Einfrierung ihrer Mandate allgemein und direkt gewählt. Mit dem Beschluss über die Einführung direkter Präsidentschaftswahlen verlor die Nationalversammlung 1994 ihre Kernkompetenz und geriet in der Folgezeit zunehmend ins Fadenkreuz der Abgeordneten des Legislativyuan, die ihre parlamentarischen Zuständigkeiten nicht mehr mit der Nationalversammlung teilen wollten. Bald sollte diese nur noch *ad hoc* zusammentreten – dann nämlich, wenn sie über eine vorgängige Initiative des Legislativyuan im Fall von Verfassungsänderungen, der Neubestimmung der Landesgrenzen oder einem präsidentiellen Amtsenthebungsverfahren zu beraten und zu entscheiden hätte. Schließlich einigten sich die politischen Lager in einem weiteren, im August 2004 beschlossenen, Reformpaket auf eine Übertragung aller Restkompetenzen der Nationalversammlung auf den Legislativyuan. Am 7. Juni 2005 löste sich die Nationalversammlung, auf der Grundlage eines überparteilichen Konsensus, selbst auf. Dies wurde in der VR China als weiterer Schritt der Abkehr Taiwans von einem gesamtchinesischen Bekenntnis wahrgenommen, war doch die Nationalversammlung das Vertretungsorgan aller chinesischen Provinzen und damit institutioneller Ausdruck des Wiedervereinigungsziels der chinesischen Republik, das auch die Regierung in Peking teilte (und weiterhin verfolgt).

Somit ist der *Legislativyuan* faktisch schon seit den 1990er Jahren das höchste gesetz- und verfassungsgebende Organ in Taiwan. Er kann dem Regierungschef mit der einfachen Mehrheit seiner Mitglieder das Misstrauen aussprechen und damit – wenn auch um den Preis seiner Auflösung durch den Präsidenten – die Regierung stürzen. Der Regierungschef muss ferner zurücktreten, wenn der Legislativyuan ihm bzw. seiner Regierung die Zustimmung zu einem Gesetzentwurf verweigert und diesen auch nach Wiedervorlage mit zwei Drittel seiner Mitglieder ablehnt. Die Abgeordneten des Parlaments werden seit den Verfassungsreformen von 2005 und einer damit verbundenen Abänderung des Wahlrechts für eine Dauer von vier Jahren, inzwischen zeitgleich mit dem Präsidenten, gewählt. Der Legislativyuan hat 113 Abgeordnetensitze:[7] 73 davon werden direkt gewählt, 34 nach Verhältniswahl mit Parteilisten; sechs Mandate sind für die Ureinwohnerstämme reserviert.[8]

Die Judikative der Republik China wird vom *Justizyuan* beaufsichtigt. An dessen Spitze steht der *Council of Grand Justices*, ein Gremium, das sich aus 15 Obersten Richtern zusammensetzt. Die Obersten Richter werden vom Präsidenten mit Zustimmung des Parlaments auf die Dauer von acht Jahren ernannt.[9] Sie bilden auch den Verfassungsgerichtshof (*Constitutional Court*), der die Aufgaben eines Verfassungsgerichts wahrnimmt und die Aufsicht über das Gerichtssystem ausübt, über die richterliche Unabhängigkeit wacht, über die Amtsenthebung des Präsidenten und Vizepräsidenten befindet und über die Auflösung von politischen Parteien entscheidet. Das taiwanische Gerichtssystem umfasst eine für Straf- und Zivilrechtssachen zuständige dreigliedrige Instanzenhierarchie aus Bezirksgerichten (*District Courts*) und Berufungsgerichten (*High Courts*) sowie einem Obersten Gerichtshof (*Supreme Court*) als höchster Appellationsinstanz.[10] Außerdem gibt es seit dem Jahr 2000 eine separate, zweigliedrige Verwaltungsgerichtsbarkeit mit einem Obersten Verwaltungsgerichtshof (*Supreme Administrative Court*) und drei Oberverwaltungsgerichtshöfen in Taipei, Taichung und Kaohsiung.

Der *Prüfungsyuan* erinnert historisch an das Prüfungssystem für Beamte (in der Kaiserzeit: Mandarine) im kaiserlichen China. Diesem obliegt die Auswahl, die Aus- und Weiterbildung sowie die Aufsicht des öffentlich-bediensteten Personals. Der Prüfungsyuan besteht aus einem Präsidenten, einem Vizepräsidenten und sieben bis neun Mitgliedern, die vom Staatsoberhaupt mit Zustimmung des Legislativyuan ernannt werden und vier Jahre amtieren. Zum Prüfungsyuan gehören das Ministerium für Prüfung (*Ministry of Examination*) und das Ministerium für Öffentliche Verwaltung *(Ministry of Civil Service*). Er übt außerdem die Aufsicht über die Beamtenprüfungen der beim Exekutivyuan angesiedelten Generaldirektion für Personalverwaltung *(Directorate-General of Personnel Administration)* aus. Wie auch der Kontrollyuan steht der Prüfungsyuan seit Jahren als überflüssiges Verfassungsorgan, das vor allem altgedienten Politikern und Politikerinnen ein üppiges Zusatzeinkommen am Ende ihrer Karriere sichert, in der öffentlichen Kritik. Seine Kompetenzen überschneiden sich teilweise mit denen der Exekutive und könnten ohne größeren Aufwand von dieser übernommen werden. Diskutiert wird bereits seit einigen Jahren, den Prüfungsyuan durch eine unabhängige Anti-Korruptionsbehörde zu ersetzen.

Der *Kontrollyuan* geht konzeptionell auf die institutionalisierte Beamtenkontrolle im kaiserlichen China, das *Zensorat*, zurück. Er besteht aus 29 vom Präsidenten mit Zustimmung des Legislativyuan auf sechs Jahre ernannten Mitgliedern und besitzt das Recht der Einleitung von Amtsenthebungsverfahren gegen Minister und Beamte – nicht aber gegen den Staatspräsidenten und dessen Stellvertreter – und beaufsichtigt die Amtsausübung aller gewählten oder ernannten öffentlich Bediensteten. Ihm obliegen zudem die oberste Rechnungskontrolle und die Aufsicht über die Nationale Kommission für Menschenrechte.

Unterhalb der nationalen Ebene des taiwanischen Regierungssystems existieren heute vier Verwaltungsebenen: 1) 6 regierungsunmittelbare Städte (*special municipalities*);[11] 2) 13 Kreise[12] und drei autonome Stadtgemeinden auf Kreisebene (*autonomous municipalities*);[13] 3) 368 ländliche und städtische Gemeinden, kreiszugehörige Städte sowie Bezirke; und 4) 7748 Dörfer bzw. Stadtviertel mit 142 476 Nachbarschaften (Stand: Januar 2023). Alle lokalen Vertretungsorgane werden direkt gewählt. Die seit der Inkorporierung Taiwans in die Republik China 1945 bestehende Provinzregierung Taiwans, die das KMT-Regime aus politischen Gründen parallel zu den nationalen Regierungsstrukturen unterhielt, wurde in den 1990er Jahren zurückgebaut und existiert heute nur noch symbolisch. An ihrer Spitze stand der Provinzgouverneur, der von der Zentralregierung ernannt, 1994 jedoch – allerdings nur ein einziges

*Abbildung 1: Das politische System Taiwans*

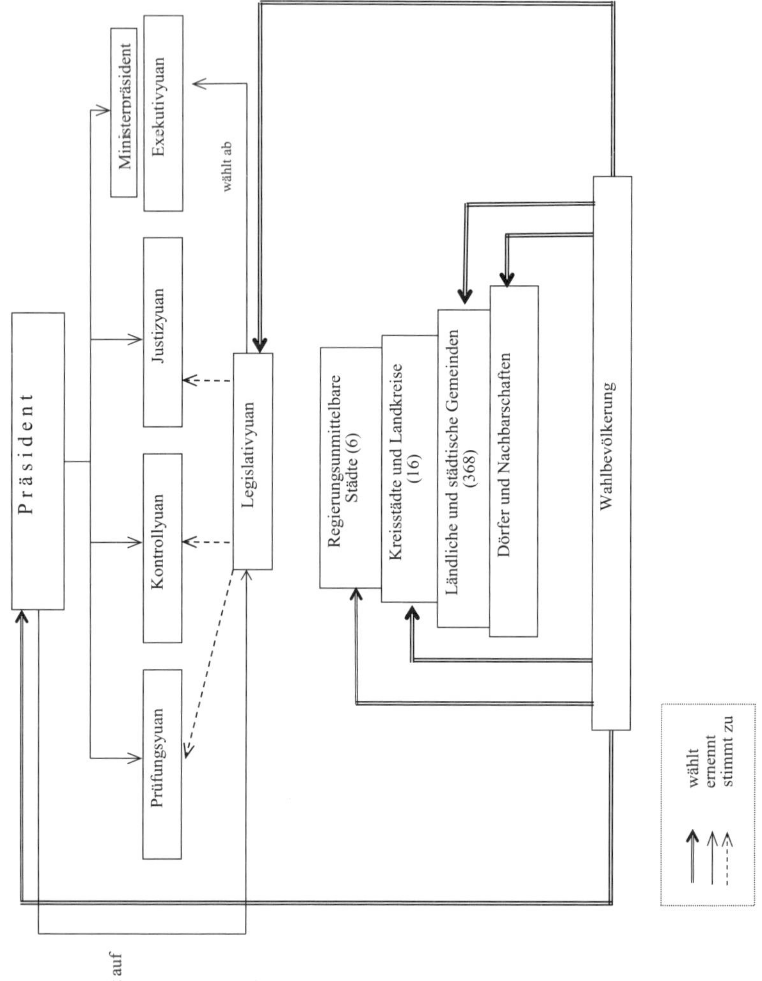

Mal – direkt gewählt wurde. Mit den Verfassungsreformen von 1997 wurde dieses Amt abgeschafft und ein Jahr später, im Rahmen einer Verwaltungsreform, viele Aufgaben der Provinzregierung auf verschiedene Organe der Zentralregierung verteilt. Die parlamentarische Vertretung der Provinz Taiwans, bis 1994 direkt gewählt, wurde zu einem einflusslosen Beratungsgremium, dem *Taiwan Provincial Consultative Council*, zurückgestuft und seine 23 Mitglieder vom Präsidenten ernannt. 2018 entzog man der Provinzregierung alle verbliebenen Zuständigkeitsbereiche und löste sie endgültig auf.[14] Nominell besteht die Provinz Taiwan jedoch weiter, da sie Teil des gesamtchinesischen Staatsgebiets ist, das die Republik China auf der Grundlage der Verfassung von 1947 formal für sich reklamiert.[15]

Insgesamt betrachtet, spiegeln Tempo und Reichweite der Veränderungen des Regierungssystems in der Ära Lee Teng-hui die allmählichen, nicht revolutionär herbeigeführten Kräfteverschiebungen im politischen System Taiwans gut wider. Der sukzessive Verfassungsreformprozess war ein maßgeblicher Grund für die friedliche und erfolgreiche Transition, die anschließende Konsolidierung der demokratischen Institutionen und die Entstehung einer belastbaren demokratischen Kultur. Die «Taiwanisierung» der KMT, von Chiang Ching-kuo seit den 1970er Jahren systematisch vorangetrieben, war wiederum ein wichtiger Faktor für die Bereitschaft der Regierungspartei, auf die oppositionellen Kräfte zuzugehen und nach einem neuen Herrschaftskonsens mit der einheimischen Mehrheitsbevölkerung zu suchen. Aber auch der politische Druck aus den USA auf Chiang Ching-kuo, die autoritäre Herrschaft in Taiwan zu beenden und die Inselrepublik auf demokratische Weise zu stabilisieren, hat eine wichtige Rolle für den politischen Wandel gespielt. Taiwan wird in der Demokratieforschung als paradigmatisches Beispiel für eine zwischen einem autoritären Regime und seinen demokratischen Herausforderern «ausgehandelte» Transition geführt, in der es gewissermaßen zu einem Pakt kam, durch den der Übergangsprozess friedlich verlief und das autoritäre KMT-Regime sich in die demokratische Ära «hinüberretten» konnte.

### *Ausdifferenzierung des Parteiensystems*

Nach der Legalisierung von Parteineugründungen Anfang Januar 1989 entstand umgehend eine Vielzahl politischer Parteien.[16] Dennoch blieb die Demokratische Fortschrittspartei die einzige politische Kraft, die der regierenden KMT etwas entgegensetzen konnte. Ihr Stimmenanteil auf nationaler Ebene bewegte sich in den 1990er Jahren relativ konstant um 30 Prozent, so dass sie die KMT nicht von der Macht verdrängen konnte. Die Gründe dafür waren vielschichtig. Die organisatorische Durchdringung der taiwanischen Gesellschaft durch den KMT-Parteiapparat; die Allianz zwischen der KMT und den einflussreichen Lokalfaktionen mit ihren Möglichkeiten, Wähler zu mobilisieren; und nicht zuletzt die Tatsache, dass die KMT durch ihr weitverzweigtes Geschäftsimperium enorme finanzielle Mittel für die Wahlkämpfe aufbringen konnte, spielten dabei zweifellos eine wichtige Rolle. Entscheidend war aber die Person des Lee Teng-hui, der sich als entschlossener Reformer profilierte und dabei erfolgreich die «taiwanische Karte» spielen, also der einheimischen Bevölkerung glaubhaft machen konnte, dass die Zeit der Festländer vorbei war. Faktisch gelang es der KMT unter Lee, die einheimische Wählerschaft zu spalten, so dass diese nicht zur exklusiven Stimmenklientel der DFP wurde. So blieb die führende Kraft der autoritären Ära in der gesamten Konsolidierungsphase der jungen Demokratie an der Macht – ein im internationalen Vergleich von Demokratisierungsprozessen seltenes Phänomen. Erst die Präsidentschaftswahlen im Jahr 2000 brachten für die DFP den lang ersehnten Machtwechsel; und erst im Dezember 2001, 14 Jahre nach der demokratischen Wende, konnte sie erstmals stärkste Partei im Legislativyuan werden – wenn auch nur mit einer relativen Mehrheit der Stimmen (33,4 Prozent) und Sitze (87 von 225).

Allerdings verlief dieser Prozess für beide Parteien nicht spannungsfrei. Nach der weitgehenden Entmachtung der Festländer in den Spitzengremien durch Lee Teng-hui trat eine Gruppe jüngerer Festländer aus der KMT aus und gründete im August 1993 die Neue Partei (NP/*Xindang*).[17] Sie warfen Lee einen schleichenden Unabhängigkeitskurs vor und wollten der festlandchinesischen Wählerschaft eine Alternative zur KMT bieten. Die NP versuchte sich dabei als ehrliche Sachwalterin der Interessen der Festländer zu profilieren und bezeichnete sich als die einzige politische Kraft in Taiwan, die sich konsequent für eine Wiedervereinigung mit dem Festland einsetzt – obwohl die KMT zu keinem Zeitpunkt offiziell von diesem Ziel abgerückt war und sich auch Lee Teng-hui zum Zeitpunkt der Gründung der NP explizit dazu bekannte. Der für Lee positive Effekt dieser Spaltung der KMT war, dass ein Teil seiner vehementesten innerparteilichen Kritiker aus der Regierungspartei ausschied und die Festländer damit noch weiter in die Defensive gerieten; Mitte der 1990er Jahre waren sie faktisch politisch kaltgestellt. Durch ihre ideologische Orientierung war die NP strukturell vor allem auf die festlandchinesische Wählerschaft beschränkt, die sie sich zudem mit der KMT teilen musste. Ungeachtet einiger Wahlerfolge in den ersten Jahren verlor sie danach zunehmend an Boden und spielt heute keine Rolle mehr im taiwanischen Parteienspektrum.

Auch die DFP-Führung, die aus wahltaktischen Gründen Anfang der 1990er Jahre die Forderung nach einem Referendum über die Ausrufung einer unabhängigen taiwanischen Republik zurückstellte, geriet innerparteilich in die Kritik ihrer radikaleren Mitgliedschaft. Im Oktober 1996 gründete sich die Taiwanische Unabhängigkeitspartei (TUP/*Jianguodang*), die sich fortan als Sammlungsbewegung der *Taidu*-Kräfte zu profilieren versuchte. Dies gelang ihr allerdings nicht: Die DFP vermochte es stets, den größten Teil der Unterstützer einer taiwanischen Unabhängigkeit an sich zu binden. Die TUP blieb eine unbedeutende, für die Mehrheit der Bevölkerung letztlich zu radikale Splitterpartei.

Faktisch wird das Parteiensystem Taiwans bis heute von der KMT und der DFP dominiert, auch wenn die KMT nach den verlorenen Präsidentschaftswahlen im Jahr 2000 auf die Unterstützung eines kleineren Partners angewiesen war, um die absolute Mehrheit im Parlament zu halten. Auch die DFP musste sich um Partner bemühen, um die KMT endlich in die Minderheit zu zwingen. Seit den frühen 2000er Jahren, nach weiteren Gründungen kleinerer Parteien, unterscheidet man daher im taiwanischen Parteienspektrum zwischen einem «blauen» und einem «grünen» Lager. Die Bezeichnung «blaues Lager» spielt auf die Grundfarbe Blau in der Parteifahne der KMT an und bezieht sich auf ein Bündnis der KMT mit anderen, ihr ideologisch vor allem mit Blick auf eine Annäherungspolitik an China nahestehenden Parteien – in den 1990er Jahren die Neue Partei und die, kurz nach den Präsidentschaftswahlen 2000 gegründete *People First Party* (PFP) des früheren KMT-Politikers Soong Chu-yu (James Soong). Das «grüne Lager», benannt nach der grünen Grundfarbe der DFP-Parteifahne, umfasst neben der DFP und der TUP die im August 2001 ins Leben gerufene *Taiwan Solidarity Union* (TSU), an deren Gründung der damals bereits aus der KMT ausgeschlossene Lee Teng-hui mitwirkte.[18] Heute bezieht sich die Begrifflichkeit «blaues» und «grünes» Lager eher auf die Sympathisanten und Wähler von KMT und DFP, und weniger auf bestimmte Parteienallianzen – zumal die meisten der diesen Lagern zugerechneten Kleinparteien inzwischen kaum oder gar keine Wählermandate mehr erringen können.[19]

## *Neue außenpolitische Weichenstellungen*

Auch auf außenpolitischer Ebene schlug Lee Teng-hui gleich zu Beginn seiner Amtszeit einen neuen Kurs ein, der von seiner Regierung als «flexible Diplomatie» (*tanxing waijiao*) bezeichnet wurde. Diese verfolgte das Ziel, die seit den 1970er Jahren bestehende internationale Isolierung Taiwans aufzubrechen. Zwar sollte nichts unversucht gelassen werden, Staaten überall auf der Welt davon zu überzeugen, dass die nunmehr demokratische Republik China ein besserer und verlässlicherer Partner war als die kommunistische Volksrepublik und sich diplomatische Beziehungen mit Taipei mehr lohnten. Aber im Zentrum der «pragmatischen Diplomatie» stand das Bestreben, anstelle diplomatischer Beziehungen mit allen Ländern, die sich bereits für Peking entschieden hatten, «substanzielle Beziehungen» wirtschaftlicher und kultureller Natur zu knüpfen. So wollte man, trotz aller Widerstände, international so präsent wie möglich sein. Bei diesem Vorhaben kamen Taiwan seine enormen Devisenreserven zugute, die für die Finanzierung von Entwicklungsprojekten in den Staaten des Globalen Südens ebenso strategisch eingesetzt werden konnten wie in den Transformationsländern Osteuropas. Taipei tauschte also finanzielles Engagement gegen politische Anerkennung ein. Aber auch die reicheren Länder des «Westens» und Ostasiens (Japan, Korea) waren bereit, Taiwan die Eröffnung von *Wirtschafts- und Kulturbüros* zu ermöglichen.[20] Dafür gab es sowohl wirtschaftliche als auch politische Gründe. Zum einen war Taiwan als erfolgreiche Exportnation ein wichtiger Handelspartner für Europa und Nordamerika; zum anderen war man, trotz des bei der Aufnahme diplomatischer Beziehungen mit der Volksrepublik China von Peking erzwungenen Bekenntnisses zur «Ein-China-Politik», vielerorts der Ansicht, dass Taiwan eine politische Partnerschaft mit dem «Westen» verdiene. Denn dort hatte sich die Demokratie gegen ein autoritäres System durchgesetzt, war somit bewiesen worden, dass Demokratie auch in einer chinesischen Kultur Wurzeln schlagen konnte. Taiwan galt als politisches Modell für eine andere Zukunft Festlandchinas als die einer andauernden Herrschaft der Kommunistischen Partei, die trotz aller wirtschaftlichen Entwicklungserfolge letztlich eine Diktatur blieb. Für die USA war Taiwan zudem aus geostrategischen Gründen wichtig; denn geriete Taiwan unter die militärische Kontrolle der VR China, würde diese den USA (und anderen Staaten) den Zugang zum Südchinesischen Meer erschweren können und die

Volksbefreiungsarmee im Falle einer kriegerischen Auseinandersetzung in die Lage versetzen, sehr viel leichter in den westpazifischen Raum vorzustoßen.[21]

Die «flexible Diplomatie» der Ära Lee Teng-hui war außerordentlich erfolgreich. Zahlreiche Länder, die diplomatische Beziehungen zu China aufgenommen hatten, knüpften nun auch «substanzielle» Beziehungen mit Taiwan. Da die frühen 1990er Jahre eine Zeit der sino-taiwanischen Entspannung waren (vgl. Kapitel 10), machte Peking keine prinzipiellen Einwände geltend, ließ die taiwanische Regierung aber auch später gewähren, als das bilaterale Verhältnis angespannt war. Man beschränkte sich darauf, allein auf der diplomatischen Ebene keine Kompromisse zu machen. Hier galt, und gilt bis heute, das Ausschließlichkeitsprinzip: Entweder entscheidet man sich als Drittstaat für Peking oder Taipei. Die taiwanischen *Wirtschafts- und Kulturbüros*, von denen es heute weltweit um die 100 gibt, haben insofern keinen diplomatischen Status, nehmen aber auch konsularische Aufgaben wahr und fungieren faktisch als inoffizielle Botschaften bzw. Konsulate Taiwans im Ausland.

## Die ersten freien Präsidentschaftswahlen von 1996

In Übereinstimmung mit den Verfassungsreformen von 1994 wurden im März 1996 erstmals freie Präsidentschaftswahlen durchgeführt. Der bisherige Amtsinhaber Lee Teng-hui trat dabei nicht nur gegen den Kandidaten der DFP an, die mit Peng Ming-min einen bekannten Verfechter der taiwanischen Unabhängigkeit ins Rennen schickte. Lee sah sich zudem zwei renommierten Parteikonservativen aus den eigenen Reihen gegenüber, die als Unabhängige antraten: der ehemalige Vorsitzende des Justizyuan, Lin Yang-kang (1927–2013), als Anwärter auf das Präsidentschaftsamt und der Ex-Militär und frühere Premierminister Hau Pei-tsun (1919–2020) als sein designierter Stellvertreter.[22] Es war dies der letzte Versuch der festlandchinesischen Kritiker des amtierenden Präsidenten, dessen

Dominanz innerhalb der KMT und seinem immer deutlicher zutage tretenden Abgrenzungskurs gegenüber China Grenzen zu setzen. Die Entscheidung der beiden Altpolitiker Hau und Lin, gegen Lee anzutreten, führte bald zur Aufhebung ihrer KMT-Parteimitgliedschaft, die sie aber nicht von ihrer Kandidatur abhalten konnte. Sie verurteilten vor allem die Chinapolitik des Präsidenten scharf, warfen ihm Verrat am «Ein-China-Prinzip» vor und strebten eine Politik der Annäherung an die VR China an, der sich Lee Teng-hui entschieden widersetzte.

Obwohl die VR China versuchte, mit umfangreichen Militärmanövern einschließlich des Abschusses von Raketen auf Zielgebiete in unmittelbarer Nähe zur taiwanischen Küste mit scharfer Munition die Bevölkerung kurz vor den Wahlen einzuschüchtern, fanden diese am 23. März 1996 wie vorgesehen statt. Lee Teng-hui setzte sich – nicht zuletzt von einer Trotzreaktion der taiwanischen Bevölkerung gegen die chinesische Machtdemonstration profitierend – mit 54 Prozent der Stimmen überzeugend durch.[23] Die Militärmanöver entpuppten sich insofern als eine strategische Niederlage für Peking: Nicht nur stabilisierte Lee Teng-hui seine Regierung. Zudem musste die chinesische Regierung durch die Entsendung zweier US-Flugzeugträgerverbände in die Straße von Taiwan in den beiden Wochen vor den Wahlen erkennen, dass die USA auch unter einem demokratischen Präsidenten (Bill Clinton) einer gewaltsamen Invasion Taiwans nicht tatenlos zusehen und wahrscheinlich zugunsten Taiwans intervenieren würden. Die DFP, in der mühsam um einen Kompromiss zwischen moderaten und radikalen Kräften in der Frage der Priorisierung des Ziels einer taiwanischen Unabhängigkeit gerungen wurde, verfehlte ihr Ziel einer Regierungsübernahme klar. Es war ihr nicht möglich, aus dem Schatten des amtierenden Präsidenten herauszutreten, der durch sein persönliches Charisma, seine Leistungsbilanz bei der Demokratisierung des politischen Systems und nicht zuletzt auch sein geschicktes Lavieren zwischen der Suggestion einer taiwanischen Eigenstaatlichkeit und dem Festhalten am gesamtchinesischen Vertretungsanspruch der Republik China den größten Teil der taiwanischen Wählerschaft an sich binden konnte – obwohl viele Menschen die autoritäre und repressive Vergangenheit der KMT nicht vergessen hatten. Auch seine schärfsten innerparteilichen Gegner kamen nicht umhin anzuerkennen, dass die Regierungspartei ohne Lee Teng-hui schon längst durch die oppositionelle DFP von der Macht verdrängt worden wäre. Diese wiederum musste erneut zur Kenntnis nehmen, dass eine offensive *Taidu*-Politik von der Mitte der Wählerschaft nicht honoriert wurde. Weiter als Lee Teng-hui, der auf die Souveränität der Republik China insistierte, die Ausrufung einer unabhängigen Republik Taiwan aber stets als «unnötig» (bzw. zu provokativ) abgelehnt hatte, wollte die Mehrheit der Bevölkerung offensichtlich auch nicht gehen.

## *Abwendung von der KMT*

Nichtsdestotrotz verschärften sich die Spannungen in der KMT in der letzten Amtszeit des Präsidenten zusehends. Lee Teng-hui verfolgte immer offenkundiger eine Politik der Abgrenzung von China bzw. dem für die KMT zentralen Postulat der Wiedervereinigung und betonte immer wieder öffentlich die Souveränität und Unabhängigkeit der Republik China (mitunter auch die Souveränität «Taiwans»). Dabei verwischte er die Grenze zwischen dem auf der Grundlage der geltenden Verfassung von 1947 erhobenen gesamtchinesischen Vertretungsanspruch der Republik China einerseits und einer auf Taiwan beschränkten Eigenstaatlichkeit (die Republik China «auf Taiwan») andererseits – was gleichbedeutend mit der Propagierung einer Zwei-China-Politik war. Dies wurde besonders deutlich in einem Interview, das Lee der *Deutschen Welle* am 9. Juli 1999 gab. Er sagte dabei, dass Taiwan und China «kein Verhältnis wie zwischen zwei Staaten haben», aber «sie haben auch kein Verhältnis wie zwischen einer Zentralregierung und einer lokalen Regierung». Stattdessen definierte er, dass das Verhältnis zwischen beiden Seiten als «besondere Beziehung zwischenstaatlicher Natur» zu begreifen sei – und ließ damit die taiwanische und internationale Öffentlichkeit im Unklaren darüber, ob er nun von zwei souveränen chinesischen Staaten ausging oder aber weiterhin von einem konkurrierenden Souveränitätsanspruch zweier chinesischer Regierungen über einen einzigen chinesischen Staat, zu dem auch Taiwan gehörte. Schon längst geißelte ihn die chinesische Regierung als «Verräter an der chinesischen Nation», dem es um die Abspaltung Taiwans vom «Mutterland» gehe.

Als Lee dem beliebten Provinzgouverneur und früheren KMT-Generalsekretär Soong Chu-yu die Nominierung als KMT-Spitzenkandidat für die Präsidentschaftswahl 2000 verweigerte und stattdessen seinen engen Vertrauten Lien Chan innerparteilich durchsetzte, trat Soong als unabhängiger Kandidat trotzdem an. Dieser Schritt war für die KMT fatal, weil dadurch ihr Stimmenpool aufgespalten wurde. So konnte der Kandidat der DFP, Chen Shuibian, die Wahl mit lediglich 39,3 Prozent gewinnen. Soong unterlag mit einem Anteil von 36,8 Prozent nur knapp, während Lien Chan ein für die KMT peinliches Ergebnis von 23,1 Prozent einfuhr. Ende März 2000 gründete Soong die *People First Party* (PFP) und führte damit eine zweite Spaltung der KMT herbei.[24] Diese stand Anfang der 2000er Jahre vor einer Zerreißprobe.

Für die innerparteiliche Unruhe nach dem Deutsche-Welle-Interview 1999 sowie die krachende Wahlniederlage und die Gründung der PFP ein Jahr später machten das konservative KMT-Establishment und viele KMT-Wähler Lee Teng-hui unmittelbar verantwortlich: Er habe den (vermeintlich) attraktiveren Kandidaten aus Gründen machtpolitischer Eitelkeit verhindert und, trotz einer numerischen Stimmenmehrheit auf Seiten des «blauen Lagers», die Niederlage der KMT absichtlich herbeigeführt, um der DFP an die Macht zu verhelfen. Andere warfen ihm vor, er habe gegen seine Partei gearbeitet, um die eigenen politischen Überzeugungen im Hinblick auf eine taiwanische Unabhängigkeit besser verwirklichen zu können. Aus dem «Vater der taiwanischen Demokratie» war Lee, jedenfalls für maßgebliche Teile seiner eigenen Partei, zu einer Persona non grata geworden. Ende März 2000 legte er den Parteivorsitz nieder, sparte aber auch danach nicht mit Kritik an der Parteiführung, die seines Erachtens modernisierungsunfähig geworden war, eine zu starke Anlehnung an China suchte und die Interessen des taiwanischen Volkes aus dem Blick verloren hatte. Zudem betonte er immer wieder die von China zu unterscheidende «taiwanische Identität» und die «Souveränität Taiwans» – Positionen, die sich mit der ideologischen Grundausrichtung der KMT nicht vertrugen. Im Juli 2001 wurde Lee Teng-hui aus der KMT ausgeschlossen. Kurze Zeit später beteiligte er sich an der Gründung der *Taidu*-orientierten *Taiwan Solidarity Union* und profilierte sich bis zu seinem Tod im Juli 2020 als Sympathisant der taiwanischen Unabhängigkeitsbewegung. Damit hatte er einen weiten politischen Weg zurückgelegt. Wie auch immer man in Taiwan zu ihm steht, es ist auch dort unstrittig, dass Lee Teng-hui zu den prägendsten und wichtigsten Persönlichkeiten der taiwanischen Nachkriegsgeschichte zählt.

# 6. Der erste Machtwechsel: Die Ära Chen Shui-bian (2000–2008)

Der Sieg des früheren *Tangwai*-Aktivisten Chen Shui-bian in den Präsidentschaftswahlen vom März 2000 war eine Sensation und bedeutete eine Zäsur in der jüngeren politischen Geschichte Taiwans. 14 Jahre nach Einleitung der demokratischen Transition kam es endlich zum ersten Regierungswechsel. Der neue Präsident war trotz seines Sieges allerdings in einer schwierigen Situation, da er mit einer oppositionellen Mehrheit im Legislativyuan konfrontiert war und daher nur eine Minderheitsregierung berufen konnte. Die ideologischen Unterschiede und politischen Spannungen zwischen der KMT und der neuen Regierungspartei waren so groß, dass mit Kompromissen in vielen Sachfragen kaum zu rechnen war. Die heimische Wirtschaft reagierte auf den Regierungswechsel mit Nervosität: Der Aktienmarkt verlor innerhalb eines Jahres nach den Präsidentschaftswahlen die Hälfte seines Wertes – eine Entwicklung, die vor allem mit dem Platzen der Dotcom-Blase in den USA zusammenhing, in Taiwan jedoch auch mit der Instabilität der neuen Regierung begründet wurde. Taiwans noch junge Demokratie stand vor einer neuen Herausforderung.

## *Cohabitation à la Taiwan und Krisenmanagement*

Der Absicht Chen Shui-bians, die Opposition in die Regierungsverantwortung miteinzubinden, führte im Mai 2000 zunächst zur Berufung des früheren KMT-Verteidigungsministers und hohen Militärs Tang Fei (geb. 1932) zum Regierungschef. Ihm folgten weitere KMT-Mitglieder in die neue Regierung, obwohl dieses Arrangement sowohl innerhalb der DFP als auch der KMT überaus umstritten war.[1] Nur rund die Hälfte des neuen Kabinetts bestand aus DFP-Politikern – ein klarer Ausweis des Kooperationswillens von Chen Shui-bian zu Beginn seiner ersten Amtszeit. Bereits wenige Monate später, im Oktober 2000, trat Tang nach einer scharfen Auseinandersetzung zwischen Regierung und Opposition um die Fortsetzung der Bauarbeiten am vierten Atommeiler im nordtaiwanischen *Kungliao* jedoch von seinem Amt zurück. Es hatte sich schnell gezeigt, dass die taiwanische Variante einer Koalitionsregierung nicht tragfähig war. Chen Shui-bian stützte sich in der Folgezeit bei der Ernennung des Regierungschefs nur noch auf erfahrene Politiker aus dem eigenen Lager. Trotzdem blieb die erste Chen-Administration geprägt von einer nahezu vollständigen Paralyse des Gesetzgebungsprozesses und der schlimmsten wirtschaftlichen Rezession seit den 1970er Jahren im Gefolge der asiatischen Währungs- und Finanzkrise von 1997/98 und des sich daran anschließenden Absturzes der Aktienkurse vieler Technologieunternehmen in den USA in den Jahren 2000–2002. Die Opposition warf der Regierung Inkompetenz vor, diese der Opposition eine verantwortungslose Blockadepolitik. Am Ende bestrafte der Wähler die KMT: Diese musste in den Parlamentswahlen 2001 dramatische Stimmeneinbußen hinnehmen, während die DFP erstmals zur relativ stärksten Fraktion (33,4 Prozent der Stimmen und 38,7 Prozent der Sitze) im Legislativyuan aufstieg. An den parlamentarischen Machtverhältnissen änderte sich jedoch nichts, weil das «blaue Lager» aus KMT und PFP eine Stimmen- und Sitzmehrheit auf sich vereinigte. Dadurch kamen notwendige Reformmaßnahmen – vor allem zur Belebung der Wirtschaft – kaum voran. Es zeigte sich bald, dass die im Laufe der 1990er Jahre erfolgte Konsolidierung der Demokratie zwar nicht infrage stand, die Nullsummenspiel-Mentalität der politischen Klasse ihre Institutionen jedoch erheblich belastete.

## *Sino-taiwanische Spannungen und Identitätspolitik*

Dies wurde besonders deutlich an der innenpolitischen Polarisierung, die die Chinapolitik der DFP unter Chen Shui-bian im Verlauf seiner ersten Amtszeit auslöste. In den ersten beiden Jahren hatte Chen noch versucht, Peking mit verschiedenen Gesprächsofferten zurück an den Verhandlungstisch zu bringen. So versprach er in seiner Antrittsrede vom 20. Mai 2000 eine Politik der «Fünf Nein»: Sofern die VR China Taiwan nicht militärisch angreife, würde die DFP-Regierung 1) keine Unabhängigkeit Taiwans ausrufen, 2) den offiziellen Namen des Landes – Republik China – nicht ändern, 3) die «Zwei-Staaten-Theorie» (von Lee Teng-hui) nicht in die Verfassung schreiben, 4) kein Referendum über den politischen Status Taiwans abhalten und 5) weder den Nationalen Wiedervereinigungsrat abschaffen noch die Richtlinien für die Nationale Wiedervereinigung aufheben. In Interviews äußerte er sogar die Idee einer «politischen Integration» der beiden Seiten der Taiwanstraße, ohne dies in der Folgezeit freilich zu konkretisieren. Mit alledem wollte Chen sein ehrliches Bemühen um stabile sino-taiwanische Beziehungen auch unter einer DFP-Präsidentschaft zeigen. Allerdings lehnte er das von Peking geforderte Bekenntnis zum «Ein-China-Prinzip», dem zufolge beide Seiten der Taiwanstraße zu einem gemeinsamen «China» gehörten, ab und fand sich auch nicht bereit, den von der KMT postulierten «Konsensus von 1992» (*92 gongshi*) zu akzeptieren – also jene Formel, der zufolge sich beide Seiten der Taiwanstraße dazu bekennen, Teil eines gemeinsamen China zu sein, auch wenn sie unterschiedlicher Auffassung darüber sind, wie dieses gemeinsame China zu verstehen sei bzw. welchen Staatsnamen es trage (vgl. Kapitel 10).

Mit diesen Positionen stieß Chen Shui-bian auf eine Mauer des Schweigens in der chinesischen Führung, die ihm nicht über den Weg traute und auf eine Strategie der konsequenten außenpolitischen Isolierung Taiwans setzte. Entnervt durch die Weigerung Pekings, mit seiner Regierung zu reden, schwenkte Chen Shui-bian Mitte 2002 auf einen neuen Kurs der Abgrenzung vom Festland ein. In einer Videobotschaft an die Teilnehmer der Jahrestagung der *World Federation of Taiwan Associations* am 3. August 2002 bezeichnete er das Verhältnis zwischen Taiwan und der VR China als eines zwischen «zwei Staaten auf jeder Seite (der Taiwanstraße)» (*yibian yiguo*). In Peking und Washington war man alarmiert. Als Chen kurze Zeit später bekanntgab, ein Referendumsgesetz zu planen, und schließlich ankündigte, eine neue Verfassung schreiben zu wollen, war es aus der Sicht der KMT-Opposition und der chinesischen Führung ausgemachte Sache, dass Chen es mit der Verwirklichung einer taiwanischen Unabhängigkeit – wahrscheinlich auf dem Weg einer Volksbefragung – ernst meinte. Die internationale Besorgnis nahm erheblich zu. Auch die USA schalteten sich ein. Präsident George W. Bush warnte Chen im Dezember 2003 öffentlich, nicht einseitig den Status quo in den sino-taiwanischen Beziehungen zu verändern. Dagegen betonte dieser wiederholt, dass nicht dies sein Ziel sei, sondern er lediglich eine Stärkung der demokratischen Rechte des Volkes sowie der institutionellen Effizienz des politischen Systems in Taiwan anstrebe. Gleichzeitig unterstrich Chen, dass ein Dialog mit Peking nicht unter der Vorbedingung eines taiwanischen Bekenntnisses zum «Ein-China-Prinzip» stehen könne. Genau dies verlangte jedoch die chinesische Führung. Die bilateralen Beziehungen verharrten somit auf dem bereits 1999 durch die von Lee Teng-hui vertretene «Zwei-Staaten-Theorie» erreichten Tiefpunkt.

Auch sonst zeigte der Präsident auf verschiedenen Wegen unmissverständlich an, dass er Taiwan von nationalchinesischen Symbolen befreien und gleichzeitig die nationale Identität Taiwans stärken wollte. Symbolträchtig war der von ihm verfügte Aufdruck des Wortes TAIWAN auf das Cover des Passes der Republik China. Viele Straßen, Plätze und öffentliche Einrichtungen erhielten neue Namen, um die taiwanische Kultur und Geschichte zu würdigen und die taiwanische Souveränität zu betonen. Ein Beispiel dafür ist die Umbenennung des *Chiang-Kai-shek-Gedächtnisplatzes* im Zentrum von Taipei in *Freiheitsplatz* im Jahr 2007. Zahlreiche Statuen von Chiang Kai-shek im ganzen Land wurden abgebaut. Zudem führte Chen Shui-bian die schon unter Lee Teng-hui eingeleitete Neuschreibung der Schulbücher und *Curriculae* für die Mittel- und Oberschulen weiter, um die taiwanische Geschichte in den Vordergrund zu rücken und sie von der Geschichte Chinas zu unterscheiden. So wurde seine Politik von vielen Beobachtern mit dem Begriff «*Ent-Sinisierung*» (*qu zhongguohua*) bezeichnet – ein umfassender Versuch also, Taiwan aus dem chinesischen Orbit herauszuholen und die Existenz einer eigenen taiwanischen Nation zu beweisen.

Ein positiver Meilenstein dieser ersten Amtszeit von Chen Shuibian, die im Zeichen von externen und inneren politischen Krisen, parlamentarischer Paralyse, ideologischer Konfrontation und einem höchst angespannten Verhältnis sowohl zu Peking als auch zu Washington stand, war die Einrichtung der *Three Mini Links* (*xiao santong*) – direkte Handels-, Transport- und Kommunikationsverbindungen zwischen Xiamen, Mawei und Quanzhou (Provinz Fujian) einerseits und den Inseln Kinmen und Matsu andererseits. Dieses Arrangement war noch von der KMT-Regierung ausgehandelt und im Dezember 2000 von Unterhändlern aus Taipei und Peking vertraglich fixiert worden. Seine Umsetzung sollte den guten Willen der neuen DFP-Regierung dokumentieren, mit Peking ins Gespräch zu kommen. Am 3. Januar 2001 kam es zur ersten Fahrt eines Schiffs von Taiwan in Richtung Festland seit 52 Jahren. Gleichzeitig sagte Chen Shui-bian zu, seine Regierung werde die Herstellung umfassender Direktverbindungen zwischen Taiwan und dem chinesischen Festland intensiv prüfen. Auch von der Aufnahme Taiwans in die *World Trade Organization* (WTO) zum 1. Januar 2002, die im Schlepptau der VR China erfolgte,[2] erhofften sich viele Beobachter einen Energieschub für eine neuerliche Annäherung zwischen Taipei und Peking. In der Tat nahm der Wirtschaftsaustausch zwischen den beiden Seiten der Taiwanstraße in den folgenden Jahren dramatisch zu und verzehnfachte sich in der Regierungszeit

Chen Shui-bians. Zu einer merklichen Entspannung des sino-taiwanischen Verhältnisses in diesen Jahren führten jedoch weder die *Three Mini Links* noch der Beitritt beider Seiten zur WTO. Am Ende der ersten Amtszeit von Chen Shui-bian wirkte Taiwan politisch so zerrissen wie noch nie seit der Spätphase der autoritären Ära.

### Die Präsidentschaftswahlen von 2004

Die schwierige erste Amtszeit von Chen Shui-bian versprach keinen Erfolg des Amtsinhabers in den Präsidentschaftswahlen 2004. Das oppositionelle «blaue Lager» aus KMT und PFP schloss sich bereits Anfang 2003 zu einem Wahlbündnis zusammen. Delegationen beider Parteien reisten nach China und versprachen dort neue Initiativen zur sino-taiwanischen Annäherung nach einem Wahlsieg. In allen Umfragen lag Chen Shui-bian monatelang klar hinter dem Gespann Lien Chan/Soong Chu-yu. Allerdings zeigte sich mit zunehmender Dauer des Wahlkampfes, dass der Präsident die Opposition durch seine nationalistische Symbolpolitik und Mobilisierungsfähigkeiten in die Defensive brachte.[3] Die Vertreter des «blauen Lagers» sahen sich in der Endphase des Wahlkampfs sogar dazu gezwungen, die Unabhängigkeit Taiwans als eine legitime zukünftige Option zu bezeichnen, solange dies eine Mehrheit der Taiwaner so wünsche.

Am Tag vor den Wahlen wurde auf Chen Shui-bian und seine Stellvertreterin Lu Hsiu-lien bei einer Wahlveranstaltung im südtaiwanischen Tainan ein Attentat verübt. Beide wurden durch Pistolenschüsse leicht verletzt, der Urnengang fand jedoch trotzdem statt. Zum Entsetzen von KMT und PFP, die mit einem Sieg fest gerechnet hatten, gewann der Amtsinhaber mit einem hauchdünnen Vorsprung von rund 30 000 Stimmen. Die unterlegenen Kandidaten Lien Chan und Soong Chu-yu fochten die Wahlen wegen Betrugsverdachts gerichtlich an und insinuierten, dass das mysteriöse Attentat lediglich ein Trick der Regierungspartei mit dem Ziel der

Mobilisierung von Sympathiestimmen im letzten Augenblick gewesen sei.[4] In den folgenden Tagen und Wochen demonstrierten Anhänger des «blauen Lagers» – teilweise gewaltsam – auf den Straßen der Hauptstadt Taipei als «Begleitmusik» der zeitgleichen Versuche der Opposition, das Wahlergebnis juristisch anzufechten. Tatsächlich wurde eine Neuauszählung der Wahlen anberaumt, die den knappen Sieg des Amtsinhabers jedoch bestätigte.[5]

In den im darauffolgenden Dezember stattfindenden Wahlen zum Legislativyuan konnte die KMT, gemeinsam mit ihrem Bündnispartner PFP, eine knappe Mehrheit behaupten. Erneut zeigte sich, dass die DFP mit ihrem taiwan-nationalistischen Kurs auf Vorbehalte in der Mitte der Wählerschaft stieß. Die Bevölkerung nutzte die Parlamentswahlen offenkundig dazu, ein Gegengewicht zum Präsidenten aufzubauen und ihn damit von drastischen Schritten in Richtung Unabhängigkeit abzuhalten. So hatte sich ungeachtet der dramatischen Geschehnisse im Vorfeld der Präsidentschaftswahlen 2004 an den politischen Rahmenbedingungen der Chen-Administration kaum etwas geändert: Nach wie vor musste der Präsident gegen eine oppositionelle Mehrheit im Parlament regieren, die entschlossen war, ihre Blockadepolitik fortzusetzen.

### *Die zweite Amtszeit von Chen Shui-bian: Anhaltende Polarisierung, Korruption und politischer Abstieg*

In seiner zweiten Amtszeit bemühte sich Chen Shui-bian anfangs um eine Entspannung der innenpolitischen Lage, indem er z. B. die von ihm angestrebte Neuschreibung der Verfassung nunmehr explizit auf dem dafür vorgesehenen Gesetzesweg – und nicht mehr durch eine außerparlamentarische Mobilisierungsstrategie – erreichen wollte und sich zu einer engen Kooperation mit der Opposition bereit zeigte. Aber die KMT machte keinerlei Anstalten, auf das politische Entgegenkommen des Präsidenten einzugehen, und setzte auf eine Blockadestrategie bis zu den nächsten Wahlen.

Die Beziehungen zu Peking blieben indes gespannt. Auch die Übereinkunft beider Seiten, im Vorfeld des Neujahrsfests Anfang Februar 2003 zum ersten Mal seit dem Ende des chinesischen Bürgerkriegs direkte Verkehrsverbindungen zuzulassen und einen Flugverkehr mit Chartermaschinen zwischen dem Festland und Taiwan zu organisieren, konnte die sino-taiwanische Eiszeit nicht beenden.[6] Denn Chen Shui-bian hielt an seinem taiwan-nationalistischen Kurs fest. So verfolgte er etwa das Projekt einer neuen Verfassung, eine nach den Parlamentswahlen vom Dezember 2004 eigentlich nicht mehr realistische Option, auf dem Weg einer außerparlamentarischen Mobilisierungsstrategie weiter und verschärfte damit die politische Polarisierung in der taiwanischen Gesellschaft. Inzwischen war der Präsident auch auf verbaler Ebene unversöhnlich geworden und erweckte häufig den Eindruck, vor dem Ende seiner zweiten und letzten Amtszeit einen entscheidenden Schritt in Richtung *Taidu* tun zu wollen. Für die KMT ebenso wie für Peking war und blieb Chen somit eine Figur, die allein auf die Stärkung des taiwanischen Nationalismus und die Idee eines von China unabhängigen taiwanischen Nationalstaats fixiert war. Durch diese Frontstellung gab es weder Bewegung im Legislativyuan noch in den sino-taiwanischen Beziehungen. Letztere wurden zusätzlich belastet durch ein vom Nationalen Volkskongress in Peking im März 2005 verabschiedetes Anti-Sezessionsgesetz. Dieses zwingt die chinesische Regierung zu einem militärischen Eingreifen in Taiwan im Falle einer drohenden Abspaltung von China oder einer anhaltenden Weigerung (sic!) der taiwanischen Regierung, über eine friedliche Wiedervereinigung zu verhandeln. Auch die im März 2006 bekanntgegebene Entscheidung Chen Shui-bians, den *Nationalen Wiedervereinigungsrat* und die *Richtlinien für die Nationale Wiedervereinigung* «einzufrieren» – faktisch ein Bruch des von ihm im Jahr 2000 gegebenen Versprechens, genau dies nicht tun zu wollen –, vertiefte die Feindseligkeit Pekings gegenüber der taiwanischen Regierung.

Um die sino-taiwanischen Spannungen zu reduzieren, knüpfte

das oppositionelle «blaue Lager» separate Beziehungen zur chinesischen Regierung bzw. zur Führung der KP China (KPCh): Im Frühjahr 2005 reisten Lien Chan (KMT) und Soong Chu-yu (PFP) getrennt und mit eigenen Delegationen zu Gesprächen auf das Festland, wo sie Staats- und Parteichef Hu Jintao und andere hochrangige KP-Politiker trafen. Lien und Hu Jintao einigten sich im Mai bei ihren Unterredungen auf eine fünf Punkte umfassende Vision für einen sino-taiwanischen Frieden (*Vision for Cross-Strait Peace*), ein Dokument, in dem sich beide Seiten, die KMT und die KP China, zum «Konsensus von 1992» bekannten sowie zu den Zielen, ein Friedensabkommen zwischen Taiwan und China anzustreben, die wirtschaftliche Kooperation zwischen beiden Seiten zu intensivieren, Verhandlungen über Taiwans Mitgliedschaft in internationalen Organisationen voranzutreiben und den Dialog zwischen der KMT und der KP China zu institutionalisieren. In den Jahren 2006 und 2007 kam es zu weiteren Treffen zwischen Vertretern der KMT und der KP China, die nun als Dialogforen zur Erarbeitung von politischen Initiativen dienten und fortan jährlich stattfinden sollten, um den sino-taiwanischen Handel anzukurbeln und die sino-taiwanischen Beziehungen zu entspannen. Damit betrieb die KMT bzw. das «blaue Lager» unverhohlen eine sino-taiwanische Paralleldiplomatie, nicht zuletzt mit dem Ziel, sich bei der taiwanischen Bevölkerung für die nächsten nationalen Wahlen als friedensstiftende Kraft zu profilieren, die mit der chinesischen Seite reden und zu Ergebnissen kommen konnte. Die DFP kritisierte dieses Verhalten scharf und warf dem «blauen Lager», vor allem der KMT, Verrat an taiwanischen Sicherheitsinteressen vor. Das innenpolitische Klima war entsprechend eisig, doch tatsächlich gelang es der KMT, viele Taiwanerinnen und Taiwaner von ihrer auf Kooperation setzenden chinapolitischen Linie zu überzeugen.

Ab Mai 2006 geriet der Präsident in einen Strudel von Korruptionsvorwürfen, die sich zunächst gegen enge Berater und Familienangehörige, schon bald aber auch gegen ihn selbst richteten. Diese führten im Juni 2007 zum Antrag der Oppositionsparteien im Legislativyuan auf Absetzung des Präsidenten, der jedoch nicht die benötigte Zwei-Drittel-Mehrheit erreichte. Spätestens zu diesem Zeitpunkt stand Chen, der aus verfassungsrechtlichen Gründen kein weiteres Mal für das Präsidentenamt kandidieren konnte, politisch im Abseits und war kaum mehr handlungsfähig.[7] Die öffentliche Meinung kippte, und auch wenn der Präsident sich weiterhin auf die Unterstützung vieler *Taidu*-orientierter Stammwähler verlassen konnte, distanzierten sich die DFP-Sympathisanten aus der entscheidenden Wählermitte von ihm. Die DFP-Führung musste dieser Entwicklung hilflos zusehen. Die gesamte Partei geriet in eine politische Abwärtsspirale, aus der sie trotz einer vorsichtigen Abgrenzung von Chen und eines engagierten Wahlkampfes in den letzten Monaten vor den Präsidentschaftswahlen im März 2008 nicht mehr herausfand.

# 7. Rückkehr der KMT an die Macht: Die Ära Ma Ying-jeou (2008–2016)

Der Präsidentschaftswahlkampf 2008 wurde überaus verbissen geführt. Souveräner Sieger des Urnengangs vom 22. März 2008 mit 58,45 Prozent der Stimmen wurde der Kandidat der KMT Ma Ying-jeou (geb. 1950), ein in Hongkong geborener Festländer der zweiten Generation, der nach einem Jurastudium in Harvard seine politische Karriere in den frühen 1980er Jahren im Büro des damaligen Staatspräsidenten Chiang Ching-kuo begonnen hatte.[1] Gleichzeitig gewann die KMT eine verfassungsändernde Dreiviertelmehrheit im Legislativyuan, so dass Ma über ein stärkeres Mandat verfügte als alle demokratisch gewählten Präsidenten vor ihm.[2]

Im Zentrum der geplanten Chinapolitik des neuen Präsidenten, mit der er seine Wählerinnen und Wähler überzeugte, stand die Aufrechterhaltung des Status quo in der Taiwanstraße: Weder Unabhängigkeit noch Wiedervereinigung sollten unmittelbare Zielperspektiven Taiwans sein, sondern die Intensivierung und der Ausbau der bilateralen Beziehungen – vor allem in wirtschaftlicher Hinsicht – auf der Grundlage des «Konsensus von 1992» und des «Ein-China-Prinzips». Konkret warb Ma für die allmähliche Etablierung eines sino-taiwanischen gemeinsamen Marktes durch sukzessive Schritte wirtschaftlicher Kooperation, die langfristig den Weg zu einer politischen Integration ebnen würde, an dessen Ende eine Wiedervereinigung stehen *könnte*. Auch sprach er wiederholt von der Möglichkeit eines Friedensabkommens zwischen China und Taiwan, in dem China einen Gewaltverzicht, Taiwan wiederum den Verzicht auf eine politische Loslösung der Insel vom Festland zusichern solle.

Tatsächlich verbesserte sich Taiwans Verhältnis zu China innerhalb weniger Monate nach den Präsidentschaftswahlen grundlegend. Die lange vor den Wahlen von der KMT und der KPCh vorbereitete Aufnahme eines neuen bilateralen Dialogs[3] führte schon bis Ende 2008 zur Unterzeichnung einer Reihe von Abkommen, die u. a. umfassende direkte Transport-, Handels- und Kommunikationsverbindungen zwischen den beiden Seiten der Taiwanstraße herstellten.[4] Im Juni 2010 wurde das *Economic Cooperation Framework Agreement* (ECFA) unterzeichnet, ein bilaterales Freihandelsabkommen, das innenpolitisch überaus umstritten war. Das oppositionelle «grüne Lager» befürchtete schwere Beeinträchtigungen für die Landwirtschaft und die arbeitsintensiven Industrien Taiwans, außerdem Arbeitslosigkeit durch die Immigration billiger chinesischer Arbeitskräfte sowie einen verstärkten Kapitalabfluss und einen zunehmenden Braindrain in Richtung Festlandchina – Befürchtungen, die sich letztlich nicht bestätigten. Von dieser Vereinbarung profitierte vor allem die taiwanische Wirtschaft, während für Peking vornehmlich politische Gesichtspunkte wichtig waren. Gespräche zwischen Vertretern beider Seiten fanden in diesen Jahren in regelmäßigen Abständen statt, und sowohl hochrangige Funktionäre als auch Kaderdelegationen aus chinesischen Städten, die an taiwanischen Investitionen interessiert waren, besuchten in hoher Zahl Taiwan. Nie schienen die (semi-)offiziellen Beziehungen zwischen den beiden Seiten besser und enger gewesen zu sein als zu diesem Zeitpunkt.

Die «prochinesische» Politik der Ma-Administration wurde von der DFP sehr kritisch und bisweilen mit harschen Protesten im Parlament und auf der Straße begleitet. Die Opposition und die chinakritischen Teile der Zivilgesellschaft warnten vor der Gefahr eines Ausverkaufs der Souveränität Taiwans und einer schleichenden Unterwanderung und Kontrolle der taiwanischen Wirtschaft durch chinesische Investitionen. Diese wurden zwar streng reguliert, doch ob die entsprechenden gesetzlichen Regelungen umgesetzt wurden und an wie viel diesbezüglicher Transparenz die KMT tatsächlich interessiert war, blieben aus Sicht der DFP offene Fragen. Für Ma

Ying-jeou, der sich auf ein starkes Mandat aus den Präsidentschaftswahlen berufen konnte, war sein chinapolitischer Ansatz allerdings alternativlos: Eine enge Kooperation mit China verbesserte aus seiner Sicht nicht nur die Sicherheitslage in der Taiwanstraße, sondern war auch entscheidend für die langfristige globale Wettbewerbsfähigkeit der taiwanischen Wirtschaft. Die DFP hingegen befürchtete ein unaufhaltsames Abgleiten in eine für Taiwan existenzbedrohende Abhängigkeit der eigenen Wirtschaft von China und eine daraus folgende politische Erpressbarkeit durch die Machthaber in Peking.

Die kontroverse Auseinandersetzung um die Chinapolitik der KMT und deren langfristige Folgen für die Inselrepublik prägte die innenpolitische Debatte der Jahre 2008–2012. Die folgenden Präsidentschaftswahlen vom Januar 2012 brachten der KMT und Ma Ying-jeou jedoch einen komfortablen Sieg und bestätigten – so schien es – die weitgehende Akzeptanz der chinapolitischen Linie der Regierung in der Bevölkerung.[5] Auch wenn diese Politik nicht ohne Risiken war, so konnte die DFP letztlich nicht mit einer überzeugenden Alternative aufwarten: Angesichts der wirtschaftlichen Bedeutung Chinas für taiwanische Exporte,[6] der steigenden Arbeitsmigration in Richtung chinesisches Festland und der außenpolitischen Isolierung, in der sich Taiwan im Fall einer rigorosen Abgrenzung von China sofort befand, war es für die DFP schwer, der pragmatischen Mehrheit der Wähler und Wählerinnen in Taiwan ihre Chinapolitik zu erklären – zumal jeder allzu *Taidu*-orientierte Kurs vom größten Teil der Bevölkerung abgelehnt wurde. Hier offenbarte sich ein grundsätzliches Dilemma für die größte taiwanische Oppositionspartei: Einerseits musste sie zu einer Haltung gegenüber China finden, die sie wieder für eine Mehrheit der Bevölkerung wählbar machen würde; andererseits drohte eine chinapolitische Neuausrichtung die DFP zu spalten und sie zu sehr an die KMT heranrücken zu lassen, mit negativen Auswirkungen auf ihr Profil als genuine Alternative zur amtierenden Regierungspartei. In einer ganz ähnlichen Situation sollte sich die KMT nach den Präsidentschaftswahlen von 2016 befinden.

Zumindest von außen betrachtet schien die Ma-Administration politisch fest im Sattel zu sitzen. Dann aber änderten sich die Dinge rasend schnell und zeigten, dass sich in der taiwanischen Gesellschaft etwas zusammengebraut hatte, von dessen faktischer Reichweite die etablierten Parteien nichts wussten – oder nichts wissen wollten. Denn schon bald nach den Wahlen von 2012 geriet die Regierung von Ma Ying-jeou von mehreren Seiten unter Druck und die Popularität des Präsidenten stürzte ab. Aus Sicht der chinesischen Regierung, so zeigte sich nach der Machtübernahme von Xi Jinping als Generalsekretär der KP China im November 2012 und Staatspräsident der VR China im März 2013, war nun die Zeit gekommen, «politische Gespräche» zu führen – eine Formulierung, die auf die Erwartung hindeutete, nunmehr systematisch auf eine «Wiedervereinigung» zusteuern zu wollen. Doch für die taiwanische Seite stellte die «Wiedervereinigung» ein Fernziel dar, der man sich zwar verpflichtet fühlen sollte, für die die Bedingungen aber noch längst nicht reif waren. Konkrete Schritte hin zu einem institutionellen Arrangement nach dem Vorbild von Hongkong, das die chinesische Regierung anstrebte, waren für Ma Ying-jeou keine Option.[7] Peking realisierte spätestens in der zweiten Amtszeit von Ma Ying-jeou, dass man in der Frage einer politischen Einigung mit ihm nicht weiterkommen würde. Dies entfremdete die chinesische Staats- und Parteiführung zunehmend von der KMT, von der sie sich entscheidende Fortschritte in Richtung «Wiedervereinigung» erhofft hatte.

Der größte Druck auf den Präsidenten baute sich aber innenpolitisch auf. Abgesehen von seiner umstrittenen Entscheidung, den vierten Atommeiler Taiwans zu Ende bauen zu wollen,[8] waren es vor allem die mit China in Verbindung stehenden Maßnahmen, die die Stimmung in der Bevölkerung kippen ließen. Sosehr die taiwanische Bevölkerung auch die Entspannung mit der VR China nach 2008 begrüßt hatte, sosehr kam nun die Sorge auf, dass die KMT-Regierung mit ihrer chinafreundlichen Linie zu weit ging. Die oppositionelle DFP warnte vor einer unheiligen Allianz aus prochinesischen KMT-Politikern und KMT-nahen Unternehmern, die ein hegemoniales Projekt zur wirtschaftlichen und politischen Vereinnahmung Taiwans durch die VR China betreiben würden. In der Öffentlichkeit, und hier allen voran an den Universitäten, regte sich zunehmend Widerstand gegen die Einflussnahme prochinesischer Interessen auf die taiwanische Wirtschaft und den Medienmarkt. Ordentlich befeuert von den oppositionsnahen Medien, drängte sich bei großen Teilen in der Öffentlichkeit der Eindruck auf, dass der Präsident die politische Annäherung Taiwans an China in den Mittelpunkt der Arbeit seiner zweiten Amtszeit stellen wollte.

Im Juni 2013 unterzeichneten Unterhändler der taiwanischen und chinesischen Regierung ein bilaterales Dienstleistungsabkommen, das *Cross-Strait Service Trade Agreement* (CSSTA), dem ein entsprechendes Abkommen über den Güterverkehr folgen sollte. Beide Vereinbarungen hatten das Ziel, die Handelsliberalisierung und wirtschaftliche Integration zwischen den beiden Seiten der Taiwanstraße weiter voranzutreiben. Als eine Reihe von Anhörungen im Rahmen des parlamentarischen Ratifizierungsverfahrens, entgegen einer Absprache mit der DFP, von der KMT am 17. März 2014 beendet und von ihrem Sprecher eine endgültige Abstimmung über das CSSTA auf den 21. März terminiert wurde, kam es zum Eklat: Am Morgen des 18. März überwanden vorwiegend studentische Aktivisten die Absperrungen vor dem Parlamentsgebäude und drangen in den Legislativyuan ein und besetzten ihn. Die Besetzung wurde erst am 10. April mit dem theatralisch inszenierten Auszug der letzten Aktivisten und Aktivistinnen beendet. Dazwischen lagen turbulente drei Wochen, die unter der Bezeichnung «Sonnenblumenbewegung»[9] in die jüngere taiwanische Geschichte eingegangen sind. Die damaligen Geschehnisse waren eine Zäsur mit weitreichenden Konsequenzen für das sino-taiwanische Verhältnis und die innenpolitischen Konfliktlinien in den Jahren danach. Nicht nur der Legislativyuan, sondern auch die angrenzenden Straßen wurden durch *Sit-ins* von Studierenden und Schülern durchgehend besetzt, so dass der Verkehr im Regierungsviertel zum Erliegen kam. Es wurde zu einer Dauerprotestzone mit tagtäglichen friedlichen Veranstaltungen, in denen gegen die Chinapolitik der Regierung Front gemacht wurde. Am 30. März fand eine Massendemonstration in Taipei unter Beteiligung von angeblich einer halben Million Menschen statt. Am 1. April versuchten Demonstranten, auch den Exekutivyuan zu besetzen – was die Polizei jedoch unter Anwendung von Gewalt verhinderte. Auch in anderen Städten der Insel kam es zu Protestaktionen, allerdings nicht in dem Ausmaß wie in der Hauptstadt.

Im Zentrum der Forderungen des Protests stand die Zurückziehung des Gesetzesentwurfs zum CSSTA bzw. die Rückkehr zu der ursprünglich vorgesehenen Punkt-für-Punkt-Prüfung der einzelnen Bestimmungen des Abkommens sowie die Verabschiedung eines Gesetzes, auf dessen Grundlage zukünftig alle Vereinbarungen mit der VR China einer vorangehenden Risikoprüfung durch das Parlament unterzogen werden sollten. In den jahrmarktsähnlichen Veranstaltungen auf der Straße wurde die KMT-Regierung zudem aufgefordert, ihren Annäherungskurs an China aufzugeben und die Souveränität und Unabhängigkeit Taiwans zu schützen. In den teilweise hoch emotionalen Redebeiträgen der Schüler und Studierenden, aber auch ihrer Professoren und Professorinnen, wurde immer wieder die Bedeutung der taiwanischen Identität und Nationsbildung thematisiert sowie die Intransparenz der Chinapolitik der KMT und der Ausverkauf taiwanischer Interessen an eine korrupte Allianz aus Politikern und Unternehmern auf beiden Seiten der Taiwanstraße. Es zeigte sich darin eine tiefe Entfremdung großer Teile der taiwanischen Zivilgesellschaft vom politischen Establishment, wie es von der KMT und speziell Ma Ying-jeou repräsentiert wurde.

Die Reaktion aus dem Präsidentenpalast war enttäuschend für die Demonstranten: Ma Ying-jeou sah keinen Anlass, von CSSTA abzurücken, und zeigte sich empört, als der Sprecher des Legislativyuan, sein parteiinterner Rivale Wang Jin-pyng, am 20. März das Parlament besuchte und vor laufenden Kameras versprach, das Gebäude nicht gewaltsam räumen zu lassen. Regierungschef Jiang Yi huah ließ die Protestler kurze Zeit später wissen, dass eine erneute Prüfung des Dienstleistungsabkommens nicht infrage käme. Bemühungen des Präsidenten, mit den Anführern der Bewegung ins Gespräch zu kommen, scheiterten. Schwer unter Druck und intern zerstritten gab die KMT letztlich nach: Am 6. April verkündete Wang Jin-pyng, dass das CSSTA ausgesetzt werde, bis ein Gesetz zur Überprüfung von sino-taiwanischen Abkommen verabschiedet sei.[10] Damit hatte die Sonnenblumenbewegung ihre Ziele erreicht und beendete die Proteste.

Von dieser Niederlage und den anschließenden Anfeindungen der DFP sowie großer Teile der Öffentlichkeit sollte sich die Ma-Administration bis zum Ende ihrer Amtszeit nicht mehr erholen. Der Präsident war politisch praktisch paralysiert. Der Rückhalt der KMT in der Bevölkerung schwand zusehends. Die Lokalwahlen im Herbst 2014 endeten für die Regierungspartei desaströs. Die Wirkung eines von Ma Ying-jeou mit großem Aufwand betriebenen, historischen Gipfeltreffens mit dem chinesischen Staats- und Parteichef Xi Jinping am 7. November 2015 in Singapur, mit dem der taiwanischen Bevölkerung die Erfolge der Chinapolitik des Präsidenten demonstriert werden sollten, verpuffte. Innerparteilich zerstritten wegen der Nominierung einer besonders chinafreundlichen Präsidentschaftskandidatin, Hung Hsiu-chu,[11] und politisch stark geschwächt durch die Nachwirkungen der «Sonnenblumenbewegung», ging die KMT im Januar 2016 in die Präsidentschafts- und Parlamentswahlen – und verlor diese krachend. In Taiwan standen die Zeichen auf einen Regierungs- und Politikwechsel. Die KMT war, vorerst, politisch am Ende.

## 8. Erneuter Machtwechsel: Die Ära Tsai Ing-wen (2016–2024)

Nach ihrem ersten vergeblichen Anlauf 2012 setzte sich Tsai Ing-wen, die Kandidatin der DFP, bei den Präsidentschaftswahlen gegen ihren Kontrahenten von der KMT, Chu Li-lun, durch. Das Ergebnis war niederschmetternd für die Regierungspartei: Sie verlor nicht nur den Präsidentenpalast, sondern auch die absolute Mehrheit im Parlament an die DFP.[1] Tsai hatte somit ein starkes Mandat und die notwendige Unterstützung im Legislativyuan, lange diskutierte und kontroverse Politikvorhaben durchzusetzen. Diesen Vorteil nutzte ihre erste Administration innenpolitisch vor allem in drei Bereichen: für eine Reform des Rentensystems, den Aufbau eines Regimes für *Transitional Justice* und die Einführung der gleichgeschlechtlichen Ehe.

Hochumstritten war die Reform des Rentensystems, mit der ein absehbarer Bankrott der staatlichen Renten- und Pensionskassen abgewendet werden sollte. Die überaus großzügig ausgestaltete Altersversorgung für Beamte, Lehrer und Angehörige des Militärs, ein Relikt der autoritären Ära unter der KMT, wurde zum 1. Januar 2018 drastisch gekürzt und das Renteneintrittsalter für Beamte und Lehrer deutlich angehoben – von 55 auf 65 Jahre (in Schritten bis 2026) bei den Ersteren und von 50 auf 58 Jahre (in einem einzigen Schritt zum 1. Juli 2018) bei den Letzteren. Wütende, teils gewaltsame Proteste der betroffenen Berufsgruppen saß die Tsai-Administration erfolgreich aus – zumal diese keine größeren Teile der Gesellschaft zu mobilisieren vermochten. Ganz im Gegenteil waren viele Menschen ähnlich wie die Regierung der Ansicht, dass das Rentensystem in seiner bisherigen Form nicht nur immer weniger finanzierbar, sondern auch unfair war. Beamte, Lehrer und

Militärangehörige waren von der KMT für ihre im Vergleich zum Privatsektor geringen Gehälter ehemals durch ihre hohen, ständig aufwachsenden Renten- und Pensionsbezüge kompensiert worden – und gehörten daher zur Stammwählerschaft der Partei. So konnte die neue DFP-Regierung ihren Kurs ohne große politische Kosten durchsetzen, auch wenn dies für den Einzelnen erhebliche Renteneinbußen bedeutete. Der *Council of Grand Justices* bestätigte in mehreren Entscheidungen 2019 die grundsätzliche Verfassungskonformität der Reformen. Die KMT und ihre Parteigänger warfen der DFP daraufhin vor, das politische System Taiwans in eine Diktatur zu verwandeln, da das Justizsystem von ihr kontrolliert würde.

Dieser Vorwurf wurde von den Anhängern des «blauen Lagers» auch in anderen politischen Kontexten erhoben – besonders laut im Rahmen des von der DFP 2016 auf den Weg gebrachten *Transitional Justice*-Regimes,[2] das die autoritäre KMT-Herrschaft unmittelbar ins Visier nahm. Damit sollte vor allem das von der KMT beim «Zwischenfall vom 28. Februar 1947» und in der anschließenden Zeit des «Weißen Terrors» begangene Unrecht aufgearbeitet werden. Auch ging es darum, die gewaltigen Finanzmittel der KMT einer systematischen Prüfung ihrer Herkunft zu unterziehen und den Teil, der nach Ansicht der DFP-Regierung rechtmäßig dem Staat gehörte, an diesen zurückzugeben. Die KMT hatte die Forderung der Opposition nach einem entsprechenden rechtlichen und prozeduralen Rahmen stets abgelehnt und während ihrer Regierungszeit gemauert. Nun sollte es, 30 Jahre nach der demokratischen Wende, endlich dazu kommen.

Zunächst wurden per Gesetz zwei Gremien geschaffen: Das Komitee zur Regelung von rechtswidrig erworbenen Vermögenswerten von politischen Parteien (*Ill-gotten Party Assets Settlement Committee*, beschlossen am 16. August 2016); und die Kommission für Übergangsgerechtigkeit (*Transitional Justice Commission*, beschlossen am 5. Dezember 2017). Das Komitee fror zahlreiche Vermögenswerte der KMT ein mit der Begründung, es handele sich um

Mittel, die seit der Machtübernahme der Nationalisten in Taiwan 1945 und über die gesamte autoritäre Ära hinweg dem Staat gestohlen worden und seitdem zu einem Parteivermögen angewachsen seien, das der KMT unlautere Vorteile im politischen Wettbewerb verschaffe – vor allem bei der Finanzierung der in Taiwan sehr kostspieligen Wahlkämpfe. Es handelte sich dabei um zahlreiche Immobilien, Unternehmensbeteiligungen, Aktien, Bankkonten, Kunstwerke und ein Medienunternehmen. Über die Gesamthöhe der eingefrorenen Vermögenswerte gibt es keine offiziellen Angaben; sie sind jedoch auf ca. 25 Milliarden US-Dollar geschätzt worden. Betroffen war nicht nur die Partei in eigener Rechtskörperschaft, sondern auch einige ihrer früheren Unterorganisationen wie der Chinesische Jugendverband (China Youth Corps) und die Nationale Frauenliga (*National Women's League*). Durch diese Maßnahmen, deren endgültige rechtliche Zulässigkeit noch geprüft wird, wurde die KMT finanziell stark beeinträchtigt. Sie warf der DFP daraufhin Revanchismus vor und bezichtigte sie, die größte Oppositionspartei vernichten zu wollen. Aus diesem Grund ist es schwierig, die Arbeit des Komitees als vereinbar mit wesentlichen Prinzipien von *Transitional Justice* einzustufen, da die allseitige Anerkennung der Legitimität der eingerichteten Gremien und ihrer Arbeit fundamental für eine politische Versöhnung der verfeindeten Lager in einer Gesellschaft ist.

Die *Transitional Justice Commission* (TJC) wurde 2018 als unabhängiges Gremium mit dem Auftrag eingerichtet, Menschenrechtsverbrechen des KMT-Regimes in der Zeit zwischen dem 15. August 1945 (dem Tag der von Kaiser Hirohito über das Radio bekanntgegebenen japanischen Kapitulation) und dem 6. November 1992 (dem Tag der Aufhebung des die Verfassung der Republik China einschränkenden Kriegsrechts über der Provinz Fujian mit der Insel Kinmen) zu untersuchen. Dazu gehörten die Zugänglichmachung deklassifizierter Regierungsdokumente in öffentlichen Archiven, die Entfernung von öffentlichen Symbolen der autoritären Ära,[3] die Erstellung eines Berichts über die Verbrechen der Zeit des

«Weißen Terrors» und insbesondere die Rehabilitierung der dieser Zeit zum Opfer gefallenen Taiwanerinnen und Taiwaner. Die Kommission arbeitete insgesamt vier Jahre, von Mai 2018 bis Mai 2022. Ihre neun Mitglieder wurden vom Parlament gewählt, wobei die Parteien des «blauen Lagers», die KMT und die PFP, die Abstimmungen boykottierten. Bis zum 31. Dezember 2021 beschäftigte sich die Kommission mit insgesamt 9875 Fällen des «Weißen Terrors». In diesem Zusammenhang wurden 7510 politische Gefangene begnadigt und ihre Urteile aufgehoben. Zusätzlich wurden 2365 Menschen, die während des «Weißen Terrors» unrechtmäßig verhaftet, verurteilt oder inhaftiert worden waren, rehabilitiert und ihre Einträge aus den Strafregistern entfernt. In den meisten Fällen geschah dies posthum.

Die KMT kritisierte die Urteile der Kommission, deren Einrichtung die Partei abgelehnt hatte, als politisch motiviert. Auch die Katalogisierung von Chiang-Kai-shek-Statuen, deren Entfernung die Kommission anschließend empfahl, sowie auch andere Vorschläge zur Tilgung einschlägiger Symbole der autoritären Ära im öffentlichen Raum (z. B. durch die Änderung der Namen von Straßen) stießen auf scharfen Widerspruch der langjährigen Regierungspartei. Viele taiwanische Rechtswissenschaftler konnten ebenfalls nicht umhin, der DFP eine unzulässige Politisierung des an sich richtigen Ziels vorzuwerfen, das von der KMT-Herrschaft in der autoritären Ära verursachte Leid endlich zu heilen – obwohl dies das fehlende Schuldbewusstsein in den Reihen der KMT nicht entschuldige. Insgesamt zeigte sich hier, wie tief die Gräben zwischen den beiden wichtigsten Parteien in Taiwan noch immer sind. Ein echter Versöhnungsprozess hätte gleich zu Beginn der Demokratisierung initiiert werden müssen. Dazu fehlten jedoch der politische Wille und die menschliche Größe in der KMT. War es am Ende der 1980er Jahre noch die Überzeugung der Parteiführung, dass Stabilität und wirtschaftliche Entwicklung das harte Vorgehen rechtfertigten, ist es heute vor allem die Überzeugung, dass die DFP die Geschichte missbrauchen wolle, um sich ihres stärksten politischen Gegners zu entledigen. Es ist gut und richtig, dass die Opfer des «Weißen Terrors», zumindest viele von ihnen, rehabilitiert sind. Zur Versöhnung über die Parteilager hinweg hat dieser Prozess jedoch kaum beigetragen. Die taiwanische Gesellschaft hat noch keinen Frieden mit der autoritären Ära der Nachkriegszeit gemacht.

Internationales Aufsehen erregte die Legalisierung der gleichgeschlechtlichen Ehe am 24. Mai 2019 durch ein vorgängiges Verfassungsgerichtsurteil vom 24. Mai 2017. Das Gericht hatte in einem speziellen Fall geurteilt, dass das Verbot der gleichgeschlechtlichen Ehe im taiwanischen Zivilgesetzbuch verfassungswidrig sei. Es forderte den Gesetzgeber auf, diesen Tatbestand innerhalb von zwei Jahren zu heilen. Der Gesetzentwurf des Exekutivyuan, der schließlich das Parlament passierte, änderte den Wortlaut der relevanten Regelungen im Zivilgesetzbuch nicht ab, sondern konstituierte ein neues Gesetz, das der gleichgeschlechtlichen Ehe denselben Rechtsstatus sicherte wie der Ehe zwischen Frau und Mann. Das Gesetz entsprach in seinen verschiedenen Regelungen, etwa das Erbrecht betreffend, sehr weitgehend den Forderungen der taiwanischen LGBT-Bewegung – zunächst mit der Ausnahme, dass gleichgeschlechtliche Ehepartner nur Kinder adoptieren dürfen, die genetisch mit ihnen verwandt sind. Diese Einschränkung hob der Legislativyuan im Mai 2023 jedoch auf.[4] Ungeachtet dessen wurde das Gesetz als großer Sieg der progressiven Kräfte in der taiwanischen Gesellschaft gefeiert, auch wenn konservative religiöse Gruppen und traditionell orientierte Familienverbände heftig protestierten. Taiwan war damit das erste Land in Asien, das diesen Schritt ging – eine Tatsache, die der DFP-Regierung einen enormen internationalen Prestigegewinn bescherte, ungeachtet der in dieser Frage allenthalben polarisierten öffentlichen Meinung. Die KMT hatte, wenn sie an der Macht war, die LGBT-Bewegung stets mit dem Argument der konservativen Kräfte ausgebremst, die taiwanische Gesellschaft sei für eine solche Reform noch nicht bereit und die Stabilität des sozialen Gefüges stehe auf dem Spiel.[5] Fakt ist, dass in vielen Umfragen die Befürworter und Gegner der gleichgeschlechtlichen

Ehe als nahezu gleich stark ausgewiesen wurden. Doch nach der Verabschiedung des Gesetzes änderte sich die gesellschaftliche Stimmung, und das Pendel schlug allmählich in Richtung der Unterstützerinnen und Unterstützer um.

Zu den die innertaiwanische Debatte heute bestimmenden, kontroversen Themen gehört vor allem die Todesstrafe, die in Taiwan noch immer verhängt wird. Wie ihre Vorgängerregierung verweist auch die Tsai-Administration dabei auf Umfragen, die eine breite gesellschaftliche Unterstützung für die Todesstrafe dokumentieren. Das Lager ihrer Gegner konnte in den vergangenen Jahren nur wenig Boden gewinnen. Offensichtlich ist das Bedürfnis nach Sicherheit eng mit dieser Kapitalstrafe verbunden. Eine breite Diskussion über die strafrechtliche Sinnhaftigkeit der Todesstrafe und ihre moralische Zulässigkeit gibt es bisher nicht – auch wenn es viele Menschen und einige NGOs gibt, die sich vehement für ihre Abschaffung einsetzen.

Außenpolitisch setzte die neue Regierung auf eine «Neue Südpolitik», mit der sie auf eine umfassende Stärkung der Beziehungen der Inselrepublik zu den Ländern Südost- und Südasiens sowie zu Australien und Neuseeland abzielt. So sollen Taiwans kulturelle, bildungsbezogene, technologische, landwirtschaftliche und wirtschaftliche Ressourcen genutzt werden, um gleichermaßen die umfassende Entwicklung der Indo-Pazifik-Region und eine regionale Integration Taiwans in diesen Raum zu fördern. Zudem erhofft man sich von der «Neuen Südpolitik» mehr politische Unterstützung in der Region für Taiwans Streben nach internationaler Anerkennung und langfristig mehr Spielraum für eine Mitarbeit in internationalen Organisationen und multilateralen Regimen. Auch eine Reduzierung der wirtschaftlichen Abhängigkeit des Landes von China durch ein Umlenken von Investitionen in die Partnerländer der «Neuen Südpolitik» spielt eine wichtige Rolle, auch wenn die Regierung nicht direkt Einfluss auf die Investitionsentscheidungen taiwanischer Unternehmen nehmen will.[6] Die «Neue Südpolitik» wird in Taiwan als weitgehend erfolgreich eingestuft, auch wenn vor allem die südostasiatischen Staaten gegenüber Taiwan vorsichtig agieren, um es sich nicht mit Peking zu verderben.

Abgesehen davon betrachtete es die Tsai-Administration als eine ihrer wesentlichen Aufgaben, die heimische Industrie und den Dienstleistungssektor durch eine gezielte Förderung von Hochtechnologie-Sektoren zu modernisieren und international wettbewerbsfähiger zu machen. Damit sollten sich langfristig auch die durchschnittlichen Realeinkommen erhöhen, deren Stagnation viele Taiwanerinnen und Taiwaner seit Jahren dazu veranlassen, auf den Arbeitsmarkt der VR China, aber auch in andere Länder, abzuwandern.[7] Hier zeigten sich die ökonomische Abhängigkeit von China und die dadurch hervorgerufenen Strukturprobleme der taiwanischen Volkswirtschaft am deutlichsten, auch wenn diese fast jedes Jahr ein moderates Wachstum verzeichnen konnte und taiwanische Unternehmen in einigen Bereichen, vor allem der Produktion von Halbleitern, Weltmarktführer blieben.

Auf der chinapolitischen Ebene vollführte die neue DFP-Regierung die erwartete Kehrtwende. Sie lehnte das «Ein-China-Prinzip» als Voraussetzung für weitere sino-taiwanische Gespräche ebenso ab wie ein Bekenntnis zum «Konsensus von 1992».[8] Zudem forderte sie von Peking Verhandlungen auf «Augenhöhe» – womit gemeint war, als souveräner Staat mit der Bezeichnung Republik China akzeptiert zu werden. Daraufhin schloss die chinesische Regierung im Mai 2016, kurz nach der Inaugurierung von Tsai Ing-wen, alle bestehenden (semi-)offiziellen Gesprächskanäle. Eine neue Eiszeit zog in die Taiwanstraße ein. Der gleichzeitig ausbrechende Handelskonflikt zwischen den USA und China wirkte sich zusätzlich negativ auf das sino-taiwanische Verhältnis aus, da sich allmählich die Stimmen in Washington mehrten, Taiwan in seinen politischen Bemühungen um internationalen Bewegungsspielraum stärker gegen die VR China zu unterstützen. Die DFP-Regierung bemühte sich, Provokationen in Richtung China zu vermeiden, hielt die radikale Minderheit der Unabhängigkeitsbefürworter in den eigenen Reihen in Schach und betonte immer wieder ihr Interesse an friedlichen Beziehungen zu Peking. Dies konnte aber nichts daran ändern, dass Taiwan immer stärker in die Auseinandersetzung zwischen den USA und China hineingezogen wurde.

Die Präsidentschaftswahlen 2020 wurden erneut klar von Tsai Ing-wen und der DFP gewonnen, wodurch ihr entschiedener, aber trotzdem vorsichtiger chinapolitischer Kurs bestätigt wurde.[9] Dabei halfen ihr die Geschehnisse in Hongkong, wo sich ein halbes Jahr zuvor eine Protestbewegung gegen die Regierung der Sonderverwaltungsregion formiert hatte und internationale Aufmerksamkeit auf sich zog.[10] Nach Inkrafttreten eines von Peking verfügten Nationalen Sicherheitsgesetzes in Hongkong zum 1. Juli 2020 und der Unterdrückung der dortigen Protestbewegung durch die Hongkonger Polizei und Strafverfolgungsbehörden wurde auch dem letzten Inselbewohner klar, welche Folgen das Modell «ein Land, zwei Systeme» für Taiwan haben würde, sollte man diesem chinesischen Mantra für die zukünftige Gestaltung der sino-taiwanischen Bevölkerung folgen. Die erneute Wahl von Tsai Ing-wen war vor allem ein Signal in Richtung China: Taiwan würde seine Souveränität auf keinen Fall gegen eine Autonomie «von Chinas Gnaden» eintauschen!

Wenig später nahm der politische und nun auch militärische Druck aus der VR China erheblich zu. Staats- und Parteiführer Xi Jinping betonte zu verschiedenen Gelegenheiten die Entschlossenheit der VR China, die «Taiwanfrage» notfalls mit Gewalt lösen zu wollen, und ließ die Luftwaffe und die Marine der Volksbefreiungsarmee wiederholt und über längere Zeiträume in der Taiwanstraße operieren. Über das gesamte Jahr 2021 fanden regelmäßig Militärmanöver statt, die offensichtlich ernstgemeinte Vorbereitungen für eine Invasion Taiwans signalisieren sollten – ohne dass die chinesische Regierung dies explizit so verkündete.

Als die Vorsitzende des US-Repräsentantenhauses, die Demokratin Nancy Pelosi, sich trotz eindringlicher Warnungen aus Peking nicht von ihrem Vorhaben eines Kurzbesuchs in Taiwan abbringen ließ und am 2. August 2022 in Taipei landete, war für die chinesische Regierung eine rote Linie überschritten. Noch in der

Nacht des 2. August begann die Volksbefreiungsarmee mit gemeinsamen Militärmanövern von Luftwaffe und Marine rund um Taiwan, die bis zum 10. August anhielten. Chinesische Kampfjets überquerten wiederholt die Mitte der Taiwanstraße und zahlreiche ballistische Raketen wurden in küstennahe Gewässer abgefeuert, teilweise über die Insel hinweg. Fünf dieser Raketen detonierten in der exklusiven Wirtschaftszone Japans, dessen Regierung dagegen bei der chinesischen Regierung protestierte.[11]

In Taiwan ließ man sich durch das militärische Säbelrasseln Pekings nicht aus der Ruhe bringen. Die DFP-Regierung verurteilte das Verhalten Chinas und wiederholte lediglich ihre bekannten Positionen im Hinblick auf den chinesischen Souveränitätsanspruch über Taiwan. Was sich aber in den folgenden Monaten merklich änderte, war die Taktung der Reisen von teilweise hochrangigen Regierungs- und Parlamentarierdelegationen aus Europa und den USA nach Taiwan. So demonstrierte der «Westen» seine Solidarität mit der Inselrepublik und zeigte an, dass er eine Linie zog von der russischen Aggression gegen die Ukraine zu den militärischen Drohgebärden Chinas gegenüber Taiwan. Dieses Vorgehen verschlechterte nicht nur das Verhältnis zwischen Peking und Taipei weiter, sondern auch das zwischen China einerseits sowie den USA und Europa andererseits. Zudem musste die chinesische Regierung zur Kenntnis nehmen, dass innerhalb der Europäischen Union sowohl auf der Ebene der Mitgliedstaaten als auch in der EU-Kommission sowie, dies allerdings weniger überraschend, im EU-Parlament zunehmend protaiwanische Sympathiebekundungen abgegeben wurden. Damit sendete Europa die Botschaft aus, dass man an der «Ein-China-Politik» festhalten wolle, diese aber von der Anerkennung des «Ein-China-Prinzips» unterscheide. Mit anderen Worten: China und Taiwan wurden weiterhin als Teil «Chinas» betrachtet, aber die Souveränität der Volksrepublik China über Taiwan implizit infrage gestellt. Gerade diese Unterscheidung ließ die chinesische Regierung aber nicht gelten – obwohl sie sie im Fall der USA schon seit dem Schanghaier Kommuniqué von 1972 hatte hinnehmen müssen.

Am Ende der Ära Tsai Ing-wen, die nach zwei Wahlperioden für die Präsidentschaftswahlen 2024 nicht mehr kandidieren kann, befindet sich Taiwan in einer schwierigen Situation, die der Regierung wenig Handlungsspielraum bietet: keine offenen Gesprächskanäle nach Peking; die außenpolitische und militärische Abhängigkeit von den USA; wirtschaftliche Probleme durch die Sanktionspolitik Washingtons gegenüber China, die auch taiwanische Hightech-Unternehmen betrifft; eine weiterhin starke außenwirtschaftliche Abhängigkeit von China; und ein fehlender innenpolitischer Konsens im Hinblick auf eine langfristige chinapolitische Linie. Die DFP-Regierung Tsai Ing-wen hat sich über acht Jahre um eine *business as usual*-Atmosphäre bemüht, um die Bevölkerung nicht zu beunruhigen und demonstriert Gelassenheit angesichts der militärischen Bedrohung vom Festland.[12]

Die oppositionelle KMT wiederum diskutiert heftig über die richtige Strategie im Präsidentschaftswahlkampf. Dabei gibt es grundsätzlich zwei Optionen: Entweder klare Kante gegenüber der Chinapolitik der DFP und das erneute Anheizen einer gesellschaftlichen Polarisierung durch die Behauptung, als einzige Partei die sino-taiwanischen Beziehungen entspannen zu können; oder ein Schulterschluss mit der DFP, um gemeinsam mit ihr für die Souveränität der Republik China einzustehen und diese gegen die Herrschaftsansprüche Pekings zu verteidigen. Derzeit deutet nichts darauf hin, dass die KMT der zweiten Option folgen könnte. Vielmehr versucht die Partei, der taiwanischen Bevölkerung zu suggerieren, es gäbe einen Weg zurück in das Jahr 2008, als Ma Ying-jeou mit dem Versprechen einer neuen Chinapolitik die Präsidentschaftswahlen gewann. Doch China und Taiwan haben sich seitdem stark verändert – genauso wie die internationale Lage. Eine sino-taiwanische Entspannung scheint auf absehbare Zeit kaum möglich; die Fronten sind festgefahren. Auch ein Wahlsieg der KMT in den Anfang 2024 abzuhaltenden Präsidentschafts- und Parlamentswahlen dürfte daran wenig ändern.

# 9. Taiwanische Identität und Nationsbildung

Ob Taiwan eine eigene, von China zu unterscheidende Nation bilde bzw. eine eigene *nationale Identität* habe, ist seit Beginn der Demokratisierung des Landes in den späten 1980er Jahren eine zentrale und noch immer hochumstrittene Frage im gesellschaftlichen und politischen Diskurs der Insel.[1] Alles hängt in dieser Diskussion von der Definition der taiwanischen Nation ab – bzw. von den Bezugsparametern, die diese Nation ausmachen sollen. Das wiederum impliziert die Frage, wie eine *taiwanische Nation* von der *chinesischen Nation* abgegrenzt wird. Legionen von Wissenschaftlern und Wissenschaftlerinnen haben sich mit der Frage der nationalen Identität Taiwans beschäftigt: Wie ist sie entstanden? Was sind ihre treibenden Kräfte? Woran erkennt man sie? Worauf beziehen sich Menschen, die sich zu dieser Nation bekennen? Es gibt zahlreiche analytische Definitionen der Nation, wobei sich, grob gesprochen, zwei Schulen etabliert haben, die auf jeweils unterschiedliche Nationalismen rekurrieren, die eine Nation begründen. Eine Schule führt die Entstehung der Nation, als spezifische Form sozialer Gruppenbildung, auf objektive Gemeinsamkeiten von Menschen wie phänotypische Merkmale, Sprache oder kulturelle (religiöse) Praktiken zurück. Auf diese Merkmale beziehen sich Nationalisten, wenn sie die Existenz einer Nation behaupten und damit ihren Anspruch auf einen unabhängigen *Nationalstaat* begründen. Hier stehen also ethno-kulturelle Aspekte im Vordergrund des «nationalen Projekts». Die andere «Schule» fokussiert auf eine historisch gewachsene «Schicksalsgemeinschaft», bei der es vor allem um ein gemeinsames historisches Gedächtnis und einen Gesellschaftsvertrag – also eine Verfassung – geht, die die Menschen verbinden und eine Nation begründen. In diesem Fall stehen politische Aspekte im Vordergrund der Nationsbildung. Beide Schulen sind idealtypisch zu verstehen, denn die Geschichte des Nationalismus zeigt, dass es unterschiedliche Mischungen einer ethno-kulturellen und einer politischen Begründung für Nationen gibt. Klar ist, dass es sich bei der Nation und die sie tragende nationale Identität von Menschen um Konstrukte handelt, die allerdings überzeugend genug sein müssen, damit Menschen ein nationales Wir-Gefühl entwickeln und daran festhalten. Auch werden die relevanten Charakteristika einer Nation immer wieder neu verhandelt. Nationale Identität ist also nicht statisch, auch wenn ihre wesentlichen Zuschreibungen meistens auf einem soliden gesellschaftlichen Konsens aufruhen.[2] Dies gilt auch für den taiwanischen Fall.

Spätestens seit der Entstehung einer taiwanischen Unabhängigkeitsbewegung in Japan und in den USA in den 1970er Jahren wurde unter taiwanischen Intellektuellen und Dissidenten heftig diskutiert, in welchem Verhältnis Taiwan kulturell und politisch zu China steht bzw. stehen sollte. Mit Beginn der Demokratisierung setzte dann auch in Taiwan eine Debatte über die kulturelle Identität der Inselgesellschaft bzw. über ein spezifisches «taiwanisches Bewusstsein» ein, das es von einem «chinesischen Bewusstsein» zu unterscheiden gelte. Die kulturelle Identität Taiwans war sofort eng verbunden mit der Idee einer taiwanischen Nation und, wenn auch weniger explizit, mit der Forderung nach einer nationalen Eigenständigkeit jenseits der *Republik China*. Führende Aktivisten der Unabhängigkeitsbewegung kehrten Anfang der 1990er Jahre nach Taiwan zurück und schlossen sich der DFP an. Diese forderte in ihrem Parteiprogramm ein Referendum über die Ausrufung einer souveränen «Republik Taiwan» und damit eine endgültige Abkehr von der Vorstellung, dass Taiwan ein Teil Chinas sei. Unter demokratischen Voraussetzungen wurde diese anfangs noch eher abstrakte Vorstellung nun zu einer möglichen Realität, denn irgendwann, so war man überzeugt, würde die DFP in die Regierungsverantwortung kommen. Fortan ging es den oppositionellen Kräften nicht nur um den Ausbau und die Konsolidierung der jungen Demokratie, sondern auch um eine nationalistische Mobilisierung mit dem Ziel der Ausrufung einer unabhängigen taiwanischen Republik. Erzählt wurde eine Geschichte Taiwans, die dem gesamtchinesischen Narrativ der KMT und natürlich auch dem der chinesischen Regierung in Peking diametral widersprach: die frühe europäische Kolonialherrschaft, die Eroberung durch die Qing, die Abtretung Taiwans an Japan als Kriegsbeute und die anschließende 50-jährige japanische Herrschaft über die Insel, die Unterdrückung durch eine festlandchinesische «Fremdelite» nach 1945, der traumatische «Zwischenfall von 1947» und der sich anschließende «Weiße Terror», schließlich die gegen den KMT-Autoritarismus erfolgreich errungene Demokratie und die anhaltende militärische Bedrohung durch das kommunistische Regime auf dem Festland – dies alles waren historische Erfahrungen, die aus Sicht der Opposition ein taiwanisches Nationalbewusstsein genährt und letztlich die Entstehung einer taiwanischen Nation herbeigeführt hatten, die nun ihren eigenen Staat einforderte und sich dem chinesischen Souveränitätsanspruch entschlossen verweigerte.

Schon Lee Teng-hui, der KMT-Führer, sprach in den 1990er Jahren von einer taiwanischen «Schicksalsgemeinschaft». Er hatte damals vor allem eine Nation «neuer Taiwaner» im Blick, deren Identität sich nicht mehr durch ihre «ethnische» Zugehörigkeit zu den Gruppen der Hoklo, Hakka, Festländer oder *Yuanzhumin* definieren sollte, sondern durch ihr Bekenntnis zu einem geeinten Volk, das sich zum demokratischen Verfassungsstaat der Republik China (auf Taiwan!) bekannte. Aber letztlich argumentierten beide Seiten in dieselbe Richtung: Sowohl die von Lee angeführte Mainstream-Fraktion der KMT in den 1990er Jahren als auch die Opposition und die späteren DFP-Regierungen arbeiteten für das politische Projekt einer neuen taiwanischen Nation, das sie mit einer entsprechenden Bildungspolitik, kulturellen Symbolik und politischen Sprache verfolgten und gegen das «Ein-China-Prinzip» der KMT (in der Zeit nach Lee Teng-hui) und des KPCh-Regimes auf dem chinesischen Festland in Stellung brachten.

Faktisch ist die Frage des Verhältnisses zu China in Taiwan bis heute umstritten. Während es für die DFP programmatisch weiterhin um einen unabhängigen taiwanischen Nationalstaat geht (auch wenn dieser *Republik China* heißen kann), bleibt die KMT auf der offiziellen Ebene weiterhin dem gesamtchinesischen Gedanken und einer nationalen «Wiedervereinigung» verhaftet. Tatsächlich hinterließ die Ära Lee Teng-hui, der schließlich aus der KMT ausgeschlossen und zum entschiedenen Unterstützer der taiwanischen Unabhängigkeitsbewegung geworden war, in der KMT eine Spannung, die die Partei bis heute belastet und zunehmend paralysiert. Während ihre festlandchinesischen Mitglieder und Anhänger, eine Minderheit, weiterhin an die Idee einer geeinten chinesischen Nation glauben, verhält sich die einheimische Mehrheit in der Partei – die *bentupai*[3] – vor allem strategisch-taktisch und will mit einem Festhalten am «Ein-China-Prinzip» eine Eskalation des sino-taiwanischen Souveränitätskonflikts verhindern. Diese Kräfte versprechen sich von einem sino-taiwanischen Dialog auf der Grundlage des «Konsensus von 1992» Verhandlungsspielraum mit Peking, der für einen Abbau der bilateralen Spannungen genutzt werden soll. Zwar sind sich alle Strömungen in der KMT einig in ihrer Ablehnung der DFP, vor allem der sie stützenden radikalen Unabhängigkeitskräfte. Trotzdem ist die KMT in der Frage der Chinapolitik gespalten. So ist es für sie bislang nicht möglich, mit der DFP einen Kompromiss in der Frage der Positionierung Taiwans gegenüber Peking zu schmieden – denn in diesem Fall, so befürchtet die KMT, würde sie im taiwanischen Parteienspektrum von der DFP marginalisiert.

Der Nationsbildungsprozess in Taiwan ist seit den 1990er Jahren durch eine intensiv betriebene Umfrageforschung klar nachweisbar. Immer mehr Menschen haben sich im Laufe der Jahre zu ihrer taiwanischen Identität bekannt, während eine Selbstbezeichnung als «chinesisch» kontinuierlich an Bedeutung verlor. Dieser Trend änderte sich auch in der Ära Ma Ying-jeou (2008–2016) nicht, obwohl diese durch eine chinafreundliche Politik geprägt war und zumindest in den ersten Jahren von einer breiten Mehrheit der taiwanischen Bevölkerung gestützt wurde – ganz im Gegenteil. So begann der Anteil jener Befragten, die sich als «taiwanisch» definierten, bereits vor 2008, als Ma seine erste Amtszeit antrat, den Anteil jener Taiwanerinnen und Taiwaner zu übersteigen, die sich sowohl «taiwanisch» als auch «chinesisch» definierten. Seitdem haben sich diese beiden Gruppen erheblich auseinanderentwickelt. Nach den repräsentativen Umfrageergebnissen des *Election Study Center* der Nationalen Chengchi-Universität (*National Chengchi University*), die als solide erhoben gelten und international breit zitiert werden, bekannten sich Mitte 2023 knapp 63 Prozent der Bevölkerung zu einer exklusiven taiwanischen Identität, nur noch knapp 30,5 Prozent fühlten sich sowohl «taiwanisch» als auch «chinesisch» und lediglich 2,5 Prozent gaben «chinesisch» als ihre Identität an.

Zwar wird in diesen und vergleichbaren Umfragen nicht deutlich, was die Befragten mit den Begriffen «taiwanisch» bzw. «chinesisch» inhaltlich konkret verbinden. Ob sie diese Begriffe also auf ihre «ethnische» Herkunft (als *benturen* bzw. *waishengren*) oder Kultur («taiwanisch» vs. «chinesisch»), die spezielle Geschichte Taiwans, das politische System, eine bestimmte Kombination dieser Elemente oder schlicht auf ein unbestimmtes subjektives Gefühl beziehen, bleibt also unklar. Allerdings haben viele Sekundäruntersuchungen über die Jahre hinweg gezeigt, dass die meisten Inselbewohner ihre «chinesische» Identität vor allem kulturell ausdeuten und dabei bestimmte *han*-chinesische Kulturtraditionen – von den Schriftzeichen zu markanten Feierlichkeiten wie Chinesisch-Neujahr bis hin zur konfuzianischen Ahnenverehrung und damit verbundenen religiösen Praktiken – anführen, während sich ihre taiwanische Identität primär auf ein gewachsenes historisches Bewusstsein stützt, in dem der erfolgreiche Kampf gegen die autoritäre Herrschaft der KMT und das Leben in einem demokratischen Rechtsstaat eine zentrale Rolle spielen. So gesehen hat sich in der Bevölkerung mehrheitlich das Bewusstsein von einer «taiwani-

***Abbildung 2: Identitätsbildung in Taiwan***
***Quelle: Election Study Center, National Chengchi University***

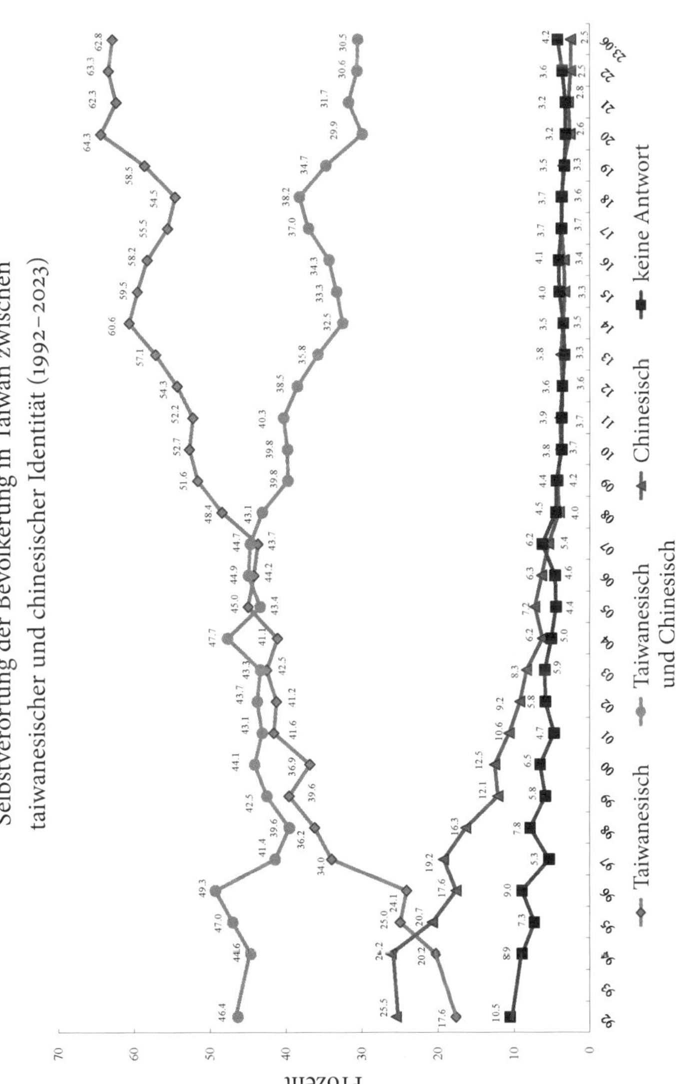

schen Schicksalsgemeinschaft» herausgebildet, die ihre inneren Konflikte überwunden hat und ihre hart errungene Freiheit deutlich höher bewertet als die Idee einer einheitsstaatlich verfassten chinesischen Nation und Einschluss Taiwans.

Egal welche Regierung seit dem Ende der autoritären Ära in Taiwan an der Macht war und welche spezifische Chinapolitik diese auch verfolgte – die Formierung einer nationalen Identität der Taiwanerinnen und Taiwaner schritt kontinuierlich voran. Dem widerspricht nicht, dass eine klare Bevölkerungsmehrheit bis heute für eine Aufrechterhaltung des Status quo in den sino-taiwanischen Beziehungen votiert und eben nicht für eine taiwanische Unabhängigkeitserklärung, die eine naheliegende Konsequenz dieses Identitätsbildungsprozesses wäre (vgl. Kapitel 10). Dahinter stand und steht eine pragmatisch-realistische Haltung der meisten Menschen, die der kontinuierlichen Bedrohung durch die VR China geschuldet ist und als Risikovermeidungsstrategie verstanden werden muss. Gerade die jüngere Generation begreift sich heute eindeutig als «taiwanisch» und kann mit der Behauptung des von Peking vertretenen gesamtchinesischen Nationalismus, jeder Taiwaner sei naturgemäß ein Chinese und müsse daher für eine «Wiedervereinigung» eintreten, nicht viel anfangen. Im politischen Establishment der VR China denkt man daher darüber nach, die Inselbewohner nach ihrer «Heimholung» in das Mutterland umzuerziehen, um sie vom Irrweg des Glaubens an eine eigene taiwanische Nation abzubringen, ihnen die Unausweichlichkeit ihrer Zugehörigkeit zur «großen chinesischen Nation» einzuimpfen und sie zu loyalen Bürgern des von der Kommunistischen Partei geführten und verkörperten chinesischen Nationalstaates zu machen.[4] Ähnlich geht man seit 2020 in Hongkong vor, wo nach der Verabschiedung eines Nationalen Sicherheitsgesetzes die Universitäten aufgefordert wurden, Kurse einzurichten, in denen die Inhalte dieses Gesetzes und eine patriotische Gesinnung vermittelt werden sollen.

Der Gedanke, dass die chinesische Nation vor allem kulturell-historisch definiert und in unterschiedlichen Systemen politisch organisiert sein könnte, die friedlich miteinander koexistieren, wird von der chinesischen Regierung verworfen. Diese hat, besonders lautstark unter der Führung Xi Jinpings, die Herbeiführung der nationalen Einheit in einem gemeinsamen Staatswesen zur «heiligen» Aufgabe der Kommunistischen Partei und jedes einzelnen Chinesen erklärt. So aber leistet das KP-Regime der Festigung der nationalen Identität Taiwans nur weiter Vorschub und vertieft dabei die Entfremdung zwischen den Menschen auf beiden Seiten der Taiwanstraße. Auch wenn die derzeitige DFP-Regierung in Taiwan weiterhin an der gesamtchinesischen Verfassung von 1947 festhält, so geschieht das allein aus politischen Gründen – eine Abkehr von dieser Verfassung würde eine scharfe Provokation Chinas bedeuten, die man sich angesichts der in Taiwan vertretenen Sprachregelung einer *Republik China auf Taiwan* nicht leisten zu müssen glaubt. Die KMT wiederum will mit einem Festhalten an der alten Verfassung das Signal nach Peking senden, dass beide Seiten sich zum «Ein-China-Prinzip» bekennen und auf dieser Grundlage miteinander reden können. Doch wie auch immer man sich auf der deklaratorischen Ebene zum «Ein-China-Prinzip» verhält: Dahinter steht die von fast allen Taiwanerinnen und Taiwanern geteilte Überzeugung, dass sie in einem unabhängigen und souveränen Staatswesen leben, auf das die VR China keinen legitimen Anspruch besitzt – und dass der historische Bezug auf «China» einen solchen Anspruch in keiner Weise begründen kann.

# 10. Der sino-taiwanische Souveränitätskonflikt

Mit den Ausführungen zur nationalen Identität Taiwans sind bereits zentrale Aspekte des sino-taiwanischen Souveränitätskonflikts angesprochen worden. Im Folgenden soll es um eine knappe historische Aufarbeitung dieses komplexen Problems gehen. Der Konflikt ist ein Resultat des chinesischen Bürgerkriegs (1945–1949) und der Flucht der nationalchinesischen Regierung unter Chiang Kai-shek vor den heranrückenden Truppen der kommunistischen Volksbefreiungsarmee nach Taiwan im Dezember 1949. Während die KPCh bereits am 1. Oktober 1949 die Gründung eines neuen Staates, der Volksrepublik China, ausgerufen hatte, betrachteten die Nationalisten unter der Führung der KMT Taiwan und weitere von ihnen kontrollierte Inseln[1] als vorläufiges Rückzugsgebiet der Republik China, zu der weiterhin – unabhängig von den faktischen Machtverhältnissen – auch das chinesische Festland gehörte. Als die Volksbefreiungsarmee mit ihrem Versuch, Kinmen zu erobern und von dort nach Taiwan überzusetzen, in der Schlacht von Guningtou[2] im Oktober 1949 scheiterte, war der Vormarsch Mao Zedongs in Richtung Taiwan zunächst gestoppt. Nachdem US-Präsident Truman noch im Januar 1950 verkündet hatte, dass die US-Streitkräfte einen Angriff der Volksbefreiungsarmee auf Taiwan nicht unterbinden würden, änderte er seine Meinung nach dem Ausbruch des Koreakriegs am 25. Juni 1950, der vom kommunistischen Nordkorea gegen das unter US-Protektion stehende Südkorea angezettelt worden war. Eine Eroberung Taiwans durch die VR China wurde nun als Menetekel für einen globalen Ausgriff des Kommunismus betrachtet, der unterbunden werden musste. Truman beorderte die 7. Flotte der US-Marine in die Taiwanstraße, um diese zu «neutralisieren» und beide Seiten, die Kommunisten und die Nationalisten, von militärischen Aktionen abzuhalten. Damit war der Weg nach Taiwan für die Volksbefreiungsarmee faktisch blockiert. Die beiden «Taiwanstraßen-Krisen» in den 1950er Jahren gingen nicht auf unmittelbare chinesische Invasionsversuche zurück. Vielmehr testete Mao Zedong damals vor allem die Bereitschaft der USA, Taiwan militärisch zu verteidigen.[3] Danach wurde die Taiwanstraße zur geografischen Grenze der Einflussbereiche zweier chinesischer Republiken, die sich gegenseitig nicht anerkannten und der jeweils anderen Seite die Existenzberechtigung absprachen.

Die kleingeschrumpfte Republik China erhielt als international anerkannte Vertreterin Gesamtchinas 1945 einen Sitz in den Vereinten Nationen (VN) und im VN-Sicherheitsrat als ständiges Mitglied, während die kommunistische Volksrepublik diesen zunächst vergeblich für sich reklamierte. Allerdings kippten die Mehrheitsverhältnisse in der VN-Generalversammlung im Laufe der Jahre allmählich zugunsten Pekings. Die politischen Sympathien, die der VR China aus den Reihen der Blockfreien-Bewegung sowie aus dem Globalen Süden wegen ihrer ideologischen und materiellen Unterstützung vieler antikolonialer Bewegungen in Afrika und Asien entgegengebracht wurden und die sie durch erhebliche entwicklungspolitische Anstrengungen nährte, drängten die antikommunistisch eingestellten Staaten – allen voran die USA – in den jährlichen Abstimmungen über eine Befassung der Generalversammlung mit einer VN-Mitgliedschaft Chinas allmählich zurück. Mit der Resolution 2758, verabschiedet am 25. Oktober 1971, wurde die Volksrepublik China schließlich als einzig legitimer Vertreter Gesamtchinas anerkannt.[4] Bereits vor der entscheidenden Abstimmung gab der Vertreter der Republik China bekannt, dass sich diese aus dem Gremium zurückziehen würde – obwohl sie formal nicht dazu gezwungen gewesen wäre.[5] Nachdem die USA 1972 ihre Beziehungen zu Peking normalisiert hatten,[6] brachen immer mehr Staaten ihre diplomatischen Kontakte zu Taipei ab und wendeten sich Peking zu.[7] Die Republik China wurde international isoliert und erlebte eine politische Existenzkrise.[8] Allein der Rückhalt der USA, die ihrem bisherigen Verbündeten mit dem *Taiwan Relations Act* (TRA) vom 10. April 1979 eine implizite, wenn auch keine garantierte, Sicherheitsgarantie gaben, hielt die Republik China auf der internationalen Bühne im Spiel.[9]

Mit der von Deng Xiaoping nach dem Ende der maoistischen Ära 1978/79 herbeigeführten Reform- und Öffnungspolitik schlug Peking auch eine neue taiwanpolitische Linie ein. Mit der «Botschaft an die Landsleute in Taiwan», verabschiedet vom Ständigen Ausschuss des Nationalen Volkskongresses am 1. Januar 1979, wurde fortan offiziell nicht mehr von der ultimativen (militärischen) «Befreiung» Taiwans gesprochen, sondern der Prozess einer friedlichen Wiedervereinigung konturiert, die durch die Herstellung direkter Kontakte zwischen den Menschen auf beiden Seiten der Taiwanstraße erreicht werden sollte. Entsprechend wurde in der neuen, bis heute geltenden chinesischen Verfassung von 1982 die Terminologie einer «Befreiung Taiwans» gestrichen und gleichzeitig neu formuliert, dass «Taiwan ein Teil des heiligen Territoriums der Volksrepublik China» sei und dass es die «nicht aufgebbare Pflicht des gesamten chinesischen Volkes, einschließlich unserer Landsleute in Taiwan [ist], die Aufgabe der Wiedervereinigung des Mutterlandes zu erfüllen». Am 30. Januar 1979 erklärte Deng Xiaoping, dass das Modell «ein Land, zwei Systeme» den institutionellen Rahmen für eine Eingliederung Taiwans in die Volksrepublik China bereitstellen und es der Insel ermöglichen solle, ihr kapitalistisches System beizubehalten. Angewendet wurde dieses Modell dann später auf Hongkong (1997) und Macao (1999).

Die demokratische Wende in Taiwan, vor allem aber der Amtsantritt von Lee Teng-hui als neuer Staats- und KMT-Parteichef 1988, führte zu signifikanten Veränderungen der taiwanischen Außen- und Chinapolitik. Dies war durch die Isolierung der Republik China seit dem Verlust der Mitgliedschaft in den Vereinten Nationen und zahlreicher wichtiger diplomatischer Partner im Laufe der 1970er Jahre, aber auch durch den Einflusszuwachs der

VR China auf internationaler Ebene dringend notwendig geworden. Die KMT brauchte ein neues außenpolitisches Narrativ, um sich vor der taiwanischen Bevölkerung unter nunmehr demokratischen Bedingungen legitimieren zu können und glaubhaft zu machen, ihre Interessen zu vertreten. Dies musste aus der Sicht von Lee Teng-hui das Eingeständnis beinhalten, dass die Republik China nur über Taiwan und weitere von Taipei kontrollierte Inseln effektive Souveränität ausübte, nicht aber auf dem chinesischen Festland.

1987 verfügte die KMT-Führung, noch unter Chiang Ching-kuo, die Legalisierung von Besuchskontakten zwischen Taiwan und dem Festland, um damit vor allem den 1949 nach Taiwan geflohenen Soldaten und Parteigängern der Nationalisten sowie ihren Familien, nach Jahrzehnten der Kontaktsperre zwischen Taiwan und dem chinesischen Festland, die Möglichkeit zu geben, ihre Verwandten auf der anderen Seite der Taiwanstraße zu besuchen. Allerdings mussten sie dafür über einen dritten Ort, etwa Hongkong oder Macao, in die VR China einreisen, konnten sich also nicht auf direktem Weg auf das chinesische Festland begeben. Damit wurde an der offiziellen Linie der «drei Nein», d.h. «keine Kontakte, keine Verhandlungen, keine Kompromisse» mit den Kommunisten, symbolisch festgehalten. Aber diese Linie ließ sich Ende der 1980er Jahre schon wegen des Drucks aus der taiwanischen Unternehmerschaft mit ihrer Forderung, den sino-taiwanischen Wirtschaftsaustausch zu liberalisieren und es ihnen zu ermöglichen, ihre arbeitsintensiven Produktionslinien aus Kostengründen nach China auszulagern, kaum mehr halten.

Darauf reagierte Lee Teng-hui mit einer neuen Politik der «substanziellen Beziehungen» und «flexiblen Diplomatie»: Von nun an sollten diplomatische Kontakte zwischen der Republik China und anderen Staaten auch dann möglich sein, wenn Letztere diplomatische Beziehungen zur VR China unterhielten. Genau dies hatte die KMT, mit ihrer Variante der Hallstein-Doktrin,[10] bislang stets ausgeschlossen. Gleichzeitig strebte die taiwanische Regierung nunmehr an, ihre internationalen Kontakte unterhalb der offiziellen diplomatischen Ebene systematisch auszubauen und ein dichtes Netz von inoffiziellen taiwanischen Repräsentanzen im Ausland zu knüpfen. Diese Politik führte zwar nicht zu Bodengewinnen in der Frage der internationalen Anerkennung Taiwans (als Republik China), die bis heute erfolgreich von der VR China sabotiert wird; wohl aber konnte die Inselrepublik mit vielen Staaten freundschaftliche Beziehungen knüpfen und sich trotz des weitgehend suboffiziellen Charakters ihrer internationalen Kontakte zumindest ein Stück weit aus der diplomatischen Isolation befreien.[11] Dessen ungeachtet bestanden das von der KMT postulierte Ein-China-Prinzip und der von ihr aufrechterhaltene *prinzipielle* chinesische Alleinvertretungsanspruch der Republik China fort. Doch wollte die Regierung Lee Teng-hui zukünftig zwischen der (unteilbaren) nationalen Identität und Nation Chinas einerseits und der Faktizität einer geteilten politischen Verfasstheit dieser Nation andererseits unterscheiden.

Mit Blick auf das bilaterale Verhältnis zur VR China trat Anfang der 1990er Jahre eine erste Phase der Entspannung ein, als Lee Teng-hui die Öffentlichkeit mit neuen Initiativen für sino-taiwanische Gespräche über Möglichkeiten einer Zusammenarbeit überraschte. Die chinesische Regierung hatte den Demokratisierungsprozess in ihrer «abtrünnigen Provinz» überaus misstrauisch beobachtet, schien dieser doch einer Stärkung der taiwanischen Unabhängigkeitsbewegung in die Hände zu arbeiten. Dem begegnete Lee Teng-hui mit einem neuen chinapolitischen Ansatz, der zur Gründung von drei Gremien im Jahr 1990 führte: dem «Rat für Nationale Wiedervereinigung» (*National Unification Council*/NUC), ein nominell überparteiliches und regierungsunabhängiges Gremium, das zukünftig mit der Formulierung der chinapolitischen Leitlinien der taiwanischen Regierung betraut sein sollte; dem «Rat für Festlandsangelegenheiten» (*Mainland Affairs Council*/MAC), eine ministeriale Behörde des Exekutivyuan, die nunmehr für die operative Ebene der taiwanischen Chinapolitik verantwortlich war; und einer privaten «Stiftung für den Austausch zwischen den beiden Seiten der Taiwanstraße» (*Straits Exchange Foundation*/SEF), die unter den Bedingungen fehlender diplomatischer Beziehungen zwischen Taipei und Peking fortan «inoffizielle» Kontakte zur chinesischen Seite halten und mit dieser verhandeln sollte.[12]

Im Februar 1991 verabschiedete der NUC die «Richtlinien für die Nationale Wiedervereinigung» (*National Unification Guidelines*) als programmatische Grundlage der offiziellen Chinapolitik der Regierung. Sie sahen eine kurz-, mittel- und langfristige Strategie der Annäherung zwischen den beiden Seiten der Taiwanstraße vor, an deren Ende eine «Wiedervereinigung» als Vollendung der nationalen Einheit stehen sollte. Diese würde allerdings erst dann verwirklicht werden, wenn sich die wirtschaftlichen, sozialen und politischen Verhältnisse in der VR China und Taiwan einander angeglichen hätten, die VR China marktwirtschaftlich organisiert und ihr politisches System demokratisiert worden wäre. Bis dahin, so die neue offizielle Sprachregelung, sei das bilaterale Verhältnis mit der Formel «ein Land, zwei politische Entitäten» zu bezeichnen.[13]

Die chinesische Regierung reagierte positiv auf diese Initiativen und rief ihrerseits 1991 eine halbamtliche Organisation ins Leben, die als Ansprechpartner der SEF fungieren sollte: die «Vereinigung für die Beziehungen über die Taiwanstraße» (*Association for Relations across the Taiwan Strait*/ARATS). Von 1992 an trafen sich Repräsentanten dieser beiden Organisationen in regelmäßigen Abständen, um das bilaterale Verhältnis zu verbessern. Dabei verfolgte die taiwanische Seite das Ziel, auf dem Weg über «technische» Vereinbarungen – z. B. die gegenseitige Anerkennung von offiziellen Dokumenten, die Repatriierung von illegalen Einwanderern oder die Lösung von Fischereikonflikten – und die Verabredung weiterer bilateraler Treffen Vertrauen aufzubauen und danach allmählich auch sensible politische Themen zu besprechen, vor allem die Herstellung direkter Handels-, Transport- und Kommunikationsverbindungen. Im April 1993 gab es ein erstes De-facto-Gipfeltreffen zwischen Vertretern der VR China und Taiwan: Die beiden Vorsitzenden von SEF und ARATS, Koo Chen-fu (1917–2005) und Wang Daohan (1915–2005), fanden sich damals auf neutralem Boden in Singapur zu dreitägigen Gesprächen ein und unterschrieben vier Vereinbarungen zur Erleichterung des bilateralen Wirtschaftsaustauschs und Personenverkehrs. Damit schien das Eis gebrochen und der Weg für weitere Verhandlungsschritte geebnet.

Ermöglicht wurde dieser historische Gipfel durch eine, so wurde es zumindest einige Jahre später behauptet, Einigung in einer zentralen Frage, nämlich wie das von Taipei und Peking vertretene «Ein-China-Prinzip» zu interpretieren sei. Eine gemeinsame Sprachregelung war deshalb notwendig, weil beide Seiten mit einem exklusiven Vertretungsanspruch für einen chinesischen Gesamtstaat auftraten. Bilaterale Abmachungen, auch auf suboffizieller Ebene, waren insofern nur dann möglich, wenn außer Frage stand, dass hier nicht die Vertreter zweier unabhängiger Staaten miteinander verhandelten. Als sich Funktionäre der SEF und der ARATS vom 28.–30. Oktober 1992 in Hongkong zu Gesprächen trafen, um ein Gipfeltreffen der Vorsitzenden beider Organisationen vorzubereiten, einigte man sich daher informell auf die Formel, dass Taipei und Peking von der Existenz nur eines «Chinas» ausgingen, jedoch unterschiedliche Ansichten hätten, von wem «China» repräsentiert würde. Für Peking war dies natürlich die Volksrepublik China, für Taipei die Republik China (jeweils unter Einschluss Taiwans). Beide Seiten würden darin übereinstimmen, dass sie unterschiedliche Standpunkte in dieser Frage hätten. Ein schriftliches Protokoll über eine solche Vereinbarung (im Sinne von *agree to disagree*) gab es nicht. Erst einige Jahre später entwickelte die KMT diesbezüglich die Idee eines «Konsensus von 1992», den die beiden Seiten angeblich teilten.[14]

Auf offizieller Ebene bekannte sich Peking zwar nie zu einer entsprechenden Sprachregelung. Trotzdem war der «Konsensus von 1992» sichtbar Grundlage der sino-taiwanischen Gespräche in den 1990er Jahren und wurde nach 2000 in Taiwan rasch zur geflügelten Formel, die man entweder als zentralen Baustein friedlicher sino-taiwanischer Beziehungen betrachtete (im «blauen Lager») oder als Mythos bezeichnete bzw. als angebliche Einigung auf das «Ein-China-Prinzip» entschieden ablehnte (im «grünen Lager»). Ab Mitte der 2000er Jahre gingen auch chinesische Politiker einschließlich des KP-Generalsekretärs Hu Jintao dazu über, den «Konsensus von 1992» öffentlich zu benennen, allerdings nur mit Blick auf «ein China» und nicht mit dem Zusatz «unterschiedliche Interpretationen» (*yizhong gebiao*). Faktisch handelte es sich im Hinblick auf das «Ein-China-Prinzip» somit um einen aus Zweckmäßigkeitsgründen zum Konsensus umgedeuteten fundamentalen Dissens in der Frage der Souveränität über «China» sowie dessen internationale Repräsentation.

Abgesehen davon hatte es 1991 unter Federführung von Lee Teng-hui zwei weitere bedeutende Schritte einer Neuordnung des sino-taiwanischen Verhältnisses gegeben: Mit der Verabschiedung der ersten Zusatzartikel zur Verfassung von 1947 war klargemacht worden, dass die Republik China (derzeit) nur über Taiwan, Penghu, Kinmen und Matsu eine effektive Kontrolle ausübte. Dieser Tatbestand wurde durch das im selben Jahr erlassene «Gesetz zur Regelung der Beziehungen zwischen den Menschen im Gebiet von Taiwan und im Gebiet von Festlandchina» (*Act Governing Relations between the People of the Taiwan Area and the Mainland Area*) konkretisiert, in dem der Personen-, Waren- und Dienstleistungsverkehr zwischen Taiwan und dem chinesischen Festland sowie verschiedene rechtliche und verwaltungstechnische Aspekte des bilateralen Austausches geregelt werden. Faktisch konzeptualisiert dieses bis heute geltende Gesetz die Idee einer in zwei unterschiedliche politische Einheiten («Entitäten») geteilten chinesischen Nation, akzentuiert aber gleichzeitig das normative Postulat eines einheitlichen Nationalstaats, wie ihn die Verfassung von 1947 vorsieht.

Das inoffizielle Gipfeltreffen von Singapur 1993 markierte den vorläufigen Höhepunkt in den beiderseitigen Bemühungen, die sino-taiwanischen Beziehungen zu entspannen, und signalisierte einen Erfolg der neuen taiwanischen Chinapolitik, wie sie von Lee Teng-hui geformt worden war. Schnell zeigte sich jedoch, dass das «Ein-China-Prinzip» ein kaum zu überwindendes Hindernis für ernsthafte Gespräche über eine politische Lösung der «Taiwanfrage» darstellte – trotz der Kompromissformel des «Konsensus von 1992». Weder war die KMT-Führung bereit, in der Frage der De-facto-Souveränität Taiwans (als Republik China) Zugeständnisse an die chinesische Seite zu machen, noch wollte sich die VR China in der Frage ihres prinzipiellen Hoheitsanspruchs über die «Provinz Taiwan» bewegen.

Bald verschlechterten sich die bilateralen Beziehungen rapide. Äußerer Anlass war eine als privat deklarierte Reise des taiwanischen Präsidenten in die USA Mitte 1995. Auf Drängen des US-Kongresses stimmte die Clinton-Administration, gegen heftige Proteste der VR China, der Erteilung eines Einreisevisums zu und erlaubte Lee Teng-hui u.a. einen Besuch seiner *Alma Mater*, der Cornell-Universität im Bundesstaat New York. Peking sah darin eine gefährliche internationale Aufwertung Taiwans und die Gefahr, dass die jüngste Entkrampfung des sino-taiwanischen Verhältnisses sowohl von Taiwan als auch von der internationalen Gemeinschaft als ein Nachgeben der VR China in der Souveränitätsfrage missdeutet werden könnte. In seiner Rede an der Cornell-Universität sprach Lee zudem das erste Mal öffentlich von der «Republik China *auf Taiwan*» und intonierte damit eine «Zwei China»-Politik – ein Affront für die chinesische Regierung. Peking stellte seine Kontakte zu Taiwan umgehend ein. In den folgenden Monaten führte die Volksbefreiungsarmee zahlreiche Militärmanöver nahe den taiwanischen Küsten durch. Diese setzten sich bis zu den ersten direkten Präsidentschaftswahlen in Taiwan im März 1996 fort, als sogar mit scharfer Munition geschossen wurde. Die USA sahen sich zur Entsendung zweier Flugzeugträgerverbände in die Krisenregion veranlasst und zwangen die VR China damit, ihre aggressiven Manöver einzustellen. Man war versucht, an die Quemoy-Krise des Jahres 1958 zu denken!

Nach der «Raketenkrise» von 1996 bewegten sich Taiwan und die VR China zwar wieder zögerlich aufeinander zu: Nach einer dreijährigen Pause wurden die bilateralen Gespräche 1998 wieder aufgenommen. Doch schon bald befand man sich wieder in der Sackgasse. Ohne substanzielle Zugeständnisse einer Seite in der Souveränitätsfrage schienen keine Vereinbarungen über das bisher erreichte Maß hinaus mehr möglich. Vor allem Lee Teng-hui war zu solchen Zugeständnissen nicht bereit – ganz im Gegenteil: Seine während des bereits weiter oben erwähnten, internationales Aufsehen erregenden Deutsche-Welle-Interviews Anfang Juli 1999 gewählte Formulierung, das Verhältnis zwischen den beiden Seiten der Taiwanstraße sei durch «besondere zwischenstaatliche Beziehungen» gekennzeichnet, suggerierte vielmehr einen Politikwechsel hin zu einer «Zwei China»-Politik, die an das geteilte Deutschland in den Jahren zwischen 1973 und 1989 erinnerte.[15] Überhaupt hatte der Präsident in den vergangenen Jahren immer wieder die Souveränität und Unabhängigkeit der Republik China betont und deren chinesischen Gesamtvertretungsanspruch heruntergespielt. In Peking hatte man das Vertrauen in Lee deshalb schon länger verloren. Die parteistaatliche Presse in China kritisierte ihn als Verräter an der chinesischen Nation und Sezessionisten, der die Sache der taiwanischen Unabhängigkeit betreibe. Für Peking war Lee endgültig vom «Ein-China-Prinzip» abgerückt und hatte damit die Grundlage für bilaterale Gespräche zerstört.

Nach dem Deutsche-Welle-Interview herrschte zwischen Taipei und Peking Eiszeit. Zwar nahm die KMT von den mit der Parteiführung nicht abgestimmten Äußerungen ihres auch parteiintern inzwischen hochumstrittenen Parteivorsitzenden Abstand und versicherte sowohl der chinesischen Regierung als auch Washington, dass die Republik China am offiziellen Wiedervereinigungsziel festhalte und man den Status quo nicht verändern wolle. Lee Teng-hui selbst sah jedoch keinen Anlass, von seinen Formulierungen abzurücken. Er argumentierte, dass er einfach die Realität der Situation beschrieben habe. Da Taiwan – oder die Republik China, hier folgte

Lee keiner einheitlichen sprachlichen Linie – einen souveränen und unabhängigen Staat mit eigener Regierung, Wirtschaft und Militär bilde, sei es nur natürlich, die Beziehungen zu China als solche zwischen Staaten zu bezeichnen. Es handele sich dabei nicht um eine Unabhängigkeitserklärung, sondern um den ernst gemeinten Versuch, den Dialog und das Verständnis zwischen Taiwan und China zu fördern. Diese Erklärungsversuche konnten weder die KMT-Führung noch Peking beruhigen. Lee schien sich radikalisiert zu haben und wurde schließlich, im Juli 2001, aus der KMT ausgeschlossen. Nach der Wahl des DFP-Kandidaten Chen Shui-bian, eines bekannten Aktivisten der taiwanischen Unabhängigkeitsbewegung, zum neuen Präsidenten der Republik China im März 2000 brach die chinesische Regierung alle Kontakte zu Taiwan ab.

Die DFP hatte 1999 ihr Verhältnis zur Republik China sowie zur der im Parteiprogramm verankerten Forderung nach einem Referendum über die Gründung einer souveränen Republik Taiwan (Art. 1,3) abschließend geklärt: In der «Resolution über die Zukunft Taiwans», verabschiedet vom 8. Parteikongress Anfang Mai 1999, wurden alle Ziele der Parteiplattform im Hinblick auf die Erlangung eines unabhängigen Taiwans, unter der Bezeichnung «Republik China», für erreicht erklärt. Eine Änderung des Staatsnamens, so die implizite Botschaft, war damit nicht mehr erforderlich – und insofern auch keine spezielle Unabhängigkeitserklärung.[16] Hier zeigte sich eine Deckungsgleichheit der Standpunkte von Lee Teng-hui (nicht aber der «offiziellen» KMT) und der DFP: Die Republik China ist Taiwan, Taiwan ist die Republik China. Dieser Standpunkt wurde von Chen Shui-bian durch seine Formel von «je einem Staat auf beiden Seiten» (*yibian yiguo*) im Jahr 2002 bestätigt und ist bis heute die Position der DFP.

Die Verabschiedung eines «Anti-Sezessionsgesetzes» durch den chinesischen nationalen Volkskongress im März 2005, mit dem die VR China auf die Verhärtung der chinapolitischen Positionen in Taiwan reagierte, ließ die taiwanische Regierung und Bevölkerung unbeeindruckt.[17] Auch war die damalige chinesische Regierung unter Hu Jintao durchaus weiterhin dazu bereit, Möglichkeiten einer friedlichen Zusammenarbeit und Vertiefung der Beziehungen mit Taiwan auszuloten – wenn denn die «prochinesische» KMT wieder an die Macht käme. Ein erneuter Regierungswechsel zeichnete sich am Ende der Ära Chen Shui-bian klar ab: Mit Ma Yingjeous Präsidentschaft kehrte Taiwan 2008 zum «Konsensus von 1992» zurück. Es folgten einige Jahre stabiler und gar freundlicher Beziehungen zwischen den Regierungen der beiden Seiten der Taiwanstraße. Doch mit der «Sonnenblumenbewegung» von 2014 schlug das Pendel wieder um. Zwei Jahre später war die DFP zurück an der Macht und die Beziehungen zwischen Peking und Taipei «vereisten» erneut. Xi Jinping demonstrierte zunehmende Ungeduld mit der taiwanischen Zurückhaltung im Hinblick auf ein klares Bekenntnis zum «Ein-China-Prinzip» und eine aus Sicht Pekings nunmehr herbeizuführende, «historisch notwendige» Wiedervereinigung.

Am 2. Januar 2019 hielt Xi eine Rede anlässlich des 40. Jahrestages der von Deng Xiaoping 1979 ausgegebenen «Botschaft an die Landsleute in Taiwan» und machte darin unmissverständlich klar, dass Taiwan ein integraler Teil der Volksrepublik China sei und auf Grundlage des in Hongkong und Macao angewendeten Modells «ein Land, zwei Systeme» mit dem Festland wiedervereinigt werde. Damit war der bisherigen Interpretation des «Konsensus von 1992» durch die KMT – «ein China, unterschiedliche Interpretationen» – der Boden entzogen. Die KMT-Führung insistierte zwar in mehreren offiziellen Reaktionen auf ihrer Lesart des Konsensus, musste aber erkennen, dass es dafür – zumindest einstweilen – keinen politischen Verhandlungsspielraum mehr gab. Dies war ein schwerer Schlag für die chinapolitische Linie der Partei, die nach einer konzeptionellen Antwort verlangte. Doch es blieb nur ein trotziges Festhalten an der alten Sprachregelung, verbunden mit der Hoffnung, nach einer Rückkehr an die Macht in Taiwan die chinesische Führung von der Notwendigkeit einer flexibleren Haltung überzeugen zu können.

Tsai Ing-wen wiederum wies in einer Rede, die sie noch am 2. Januar hielt und verbreiten ließ, den patriarchalischen Ton in Xi Jinpings Rede zurück und betonte die Eigenständigkeit der *Republik China (Taiwan)*, die nicht zur Disposition stehe.[18] Die unterschiedlichen Positionen im sino-taiwanischen Souveränitätskonflikt sind, wie es derzeit scheint, unverrückbar – zumindest auf friedlichem Wege. Die folgende Tabelle fasst sie zusammen:

***Tabelle 1: Die unterschiedlichen Positionen im sino-taiwanischen Souveränitätskonflikt***[19]

| | KPCh | KMT | DFP |
|---|---|---|---|
| **«Ein China»** | Es gibt nur «ein China»! | Es gibt nur «ein China»! | Taiwan lehnt das «Ein China»-Prinzip ab! |
| **Taiwans Souveränität** | Taiwan ist ein Teil «Chinas» und somit Teil der VR China! | Taiwan ist ein Teil «Chinas» und somit Teil der Republik China! | Taiwan ist ein souveräner Staat unter der Bezeichnung «Republik China»! |
| **Repräsentation von «China»** | «China» wird allein von der VR China repräsentiert! | «China» wird allein von der Republik China repräsentiert! | Taiwan repräsentiert nur Taiwan und nicht «China»! |
| **«Konsensus von 1992»** | Taiwan ist ein Teil der VR China und wird auf Grundlage des Modells «ein Land, zwei Systeme» mit dem Festland wiedervereinigt! | Die Republik China und die VR China bekennen sich zum «Ein-China-Prinzip», interpretieren «ein China» jedoch unterschiedlich! Eine «Wiedervereinigung» ist möglich, hängt jedoch von der Zustimmung der Menschen in Taiwan ab. | Es gibt keinen «Konsensus von 1992». Insofern existiert auch kein «Wiedervereinigungspostulat». |
| **«Ein Land, zwei Systeme»** | Ist Taiwans einzige Option! | Inakzeptabel! | Inakzeptabel! |

Gleichzeitig verweisen alle einschlägigen Umfragen seit Jahren darauf, dass die große Mehrheit der taiwanischen Bevölkerung in den Beziehungen zur VR China auf den Status quo setzt und sich weder für eine «Wiedervereinigung» noch für eine «Unabhängigkeit» entscheiden will.[20] Addiert man die prozentualen Anteile aller vier Antwortkategorien in Abbildung 3, die (zunächst) die Aufrechterhaltung des Status quo befürworten, ergibt sich Mitte 2023 ein Anteil von fast 88,1 Prozent. Davon optieren lediglich sechs Prozent für eine «Wiedervereinigung» als langfristiges Ziel. 32,1 Prozent wünschen sich dagegen langfristig ein «unabhängiges» Taiwan. Für eine sofortige «Unabhängigkeit» votieren lediglich 4,5 Prozent, für eine sofortige «Wiedervereinigung» ganze 1,6 Prozent. Die Mehrheit der Befragten möchte sich gar nicht konkret zur Zukunft Taiwans äußern: 28,6 Prozent verschieben die Entscheidung Taiwans auf einen späteren Zeitpunkt und 32,1 Prozent wollen am Status quo auf unbestimmte Zeit festhalten. Zwei Trends stechen heraus: Zum einen steigt der Anteil der Taiwanerinnen und Taiwaner, die sich für die Bewahrung des Status quo auf unbestimmte Zeit aussprechen, seit den frühen 1990er Jahren kontinuierlich an; zum anderen ist auch der Anteil jener Befragten kontinuierlich gestiegen, die jetzt für den Status quo votieren, langfristig aber zu einer «Unabhängigkeit» tendieren.

Insgesamt zeigten diese Zahlen zweierlei: Zum einen sind die meisten Menschen in Taiwan Realisten bzw. Pragmatiker, die ihre Freiheit nicht durch eine offene Kampfansage an die VR China gefährden wollen; zum anderen findet eine «Wiedervereinigung» mit dem Festland als politische Zielvorstellung in Taiwan seit Beginn der Demokratisierung keinen Anklang. Der heutige Zustand markiert insofern wohl die beste aller derzeit möglichen Welten für die Inselrepublik: de facto souverän, wenn auch de jure kaum anerkannt.

Ob und wie lange sich dieser Zustand erhalten lässt, ist angesichts der weltpolitischen Lage und des in China unter Xi Jinping erheblich gewachsenen Stellenwerts der «Taiwanfrage» für die

***Abbildung 3: «Wiedervereinigung» vs. «Unabhängigkeit»***
***Quelle: Election Study Center, National Chengchi University***

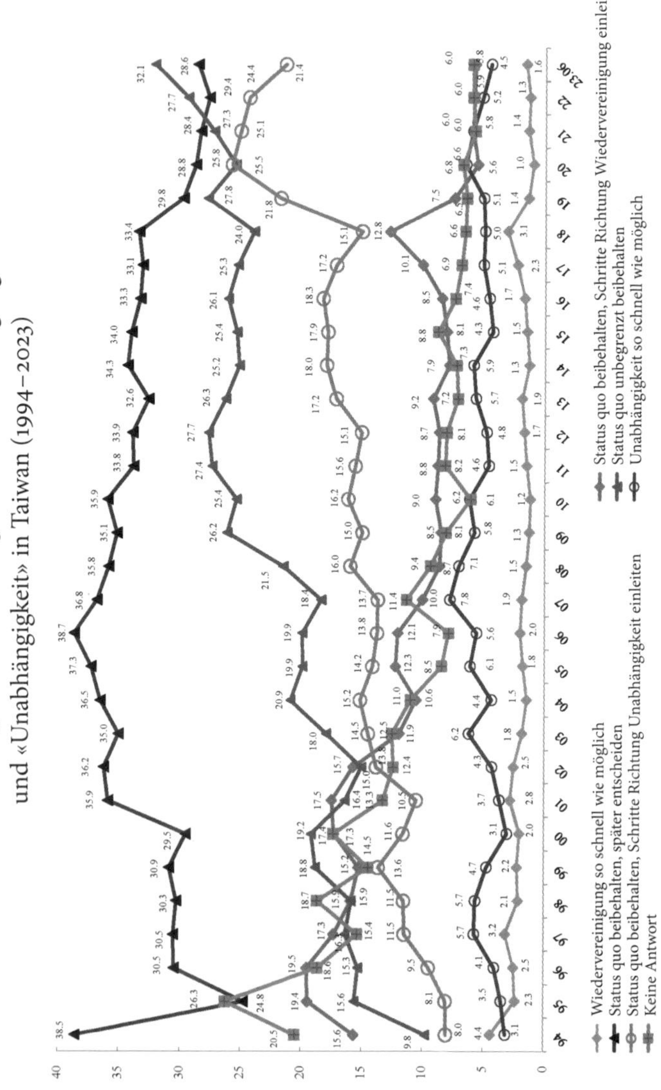

Herrschaftslegitimation der Kommunistischen Partei ungewiss. Vor allem nach dem Beginn des Invasionskriegs Russlands in der Ukraine im Februar 2022 macht man sich vielerorts auf der Welt, und natürlich auch in Taiwan, Sorgen um die «Verarbeitung» dieses völkerrechtswidrigen Angriffs in der chinesischen Führung und dessen Folgen für die strategisch-militärische Planung zur Heimholung der «Renegatenprovinz» – auch wenn Peking immer wieder betont, der Fall der Ukraine seit grundverschieden von der «Taiwanfrage».

Neben der Option einer gewaltsamen Lösung des sino-taiwanischen Souveränitätskonflikts setzt Peking seit Jahren auf eine parallele Strategie der wirtschaftlichen und sozialen Integration, die die bestehenden außenwirtschaftlichen Abhängigkeiten Taiwans vom chinesischen Festland und die vielen persönlichen Verbindungen über die Taiwanstraße verstärken und am Ende eine friedliche «Wiedervereinigung» mit Taiwan herbeiführen soll. Eine wichtige Rolle spielen dabei taiwanische Unternehmer, die seit den späten 1980er Jahren nach inoffiziellen Schätzungen zwischen 200 und 300 Milliarden US-Dollar auf dem chinesischen Festland investiert haben sollen.[21] Tausende von taiwanischen Firmen produzierten dort bis in die jüngere Vergangenheit für den Export und zunehmend auch für den Binnenmarkt. Inzwischen haben sich ihre Marktbedingungen in China zwar deutlich verschlechtert, und viele taiwanische Unternehmen sind in andere Länder (vor allem in Südostasien) abgewandert oder aber nach Taiwan zurückgekehrt. Nichtsdestotrotz dürften heute zwischen ein und zwei Millionen Taiwanerinnen und Taiwaner dauerhaft in der VR China leben: Geschäftsleute, leitende Angestellte und Fachkräfte mit ihren Familien, Wissenschaftler und Wissenschaftlerinnen sowie eine zunehmende Zahl junger Menschen, die sich nach dem Ende ihrer schulischen oder universitären Ausbildung in Taiwan beruflich nach China orientieren, dort studieren, Praktika absolvieren oder ein Start-up gründen. Sie alle sehen, ungeachtet der chinesischen Drohungen in Richtung Taiwan und ihrer politischen Exponiertheit auf dem Festland, in China mehr Chancen für ihre individuelle Lebens- und Karriereplanung als in ihrer Heimat. Aber auch wenn die taiwanischen Kapitalinvestitionen in China seit einigen Jahren rückläufig sind[22] und die Arbeitsmigration dorthin wegen der Verschlechterung der bilateralen Beziehungen in jüngster Zeit leicht abzunehmen scheint – aufhören werden diese Bewegungen nicht. Zu attraktiv ist der chinesische Markt für Unternehmen aus Taiwan, vor allem aus dem Hochtechnologie- und Dienstleistungssektor, wenn sie sich gegen die aggressive chinesische Konkurrenz behaupten können; und zu vielsprechend sind die Aussichten auf eine gut bezahlte Arbeit und Karriereperspektiven für jene Menschen, die dafür in Taiwan keine ausreichenden Voraussetzungen (mehr) sehen.[23] Hier einen neuen Optimismus zu schaffen, ist eine der größten Herausforderungen für die taiwanische Wirtschaftspolitik.

Insofern steht der Formierung einer taiwanischen nationalen Identität bzw. des Bekenntnisses zur Republik China als ein souveräner Nationalstaat eine anhaltende wirtschaftliche und soziale Interaktion zwischen den beiden Seiten der Taiwanstraße gegenüber. Zwar blickt die taiwanische Regierung heute besorgter als früher auf die Gefahr, dass das eigene wertvolle Humankapital in die VR China abwandert und Taiwan langfristig in den ökonomischen «Würgegriff» der Machthaber in Peking geraten könnte – etwa in der Halbleiterindustrie bzw. der Produktion hochleistungsfähiger Chips, eine Branche, in der Taiwan Weltmarktführer ist.[24] Auch gibt es seit geraumer Zeit eine kritische Debatte über den Einfluss prochinesischer Kapitalinteressen und politischer Meinungsmache auf dem taiwanischen Medienmarkt. Besonders schwierig ist eine effektive Antwort auf chinesische Cyberattacken, die die kritische Infrastruktur Taiwans bedrohen, die Verbreitung von *Fake News*, mit denen das Vertrauen in die taiwanische Regierung untergraben werden soll, sowie die finanzielle Unterstützung radikaler prochinesischer Gruppierungen, die auf eine Destabilisierung des politischen Systems hinarbeiten. Hier ist die Einflussnahme Chinas und die notorische «Einheitsfrontpolitik» Pekings deutlich sicht- und spürbar.[25] Und natürlich ist Taiwan mit hochgerüsteten chinesischen Streitkräften konfrontiert, die ständig modernisiert werden und deren wichtigste Aufgabe die Vorbereitung auf eine Invasion in Taiwan zu sein scheint.

Trotzdem gehen die Menschen in Taiwan bisher gelassen und selbstbewusst, vielleicht auch ein Stück weit fatalistisch mit der existenziellen Bedrohung von der gegenüberliegenden Seite der Taiwanstraße um: China ist eine Realität, der man nicht entfliehen kann. Dies bedeutet allerdings nicht, dass die Inselbevölkerung sich dem chinesischen Souveränitätsanspruch einfach unterwerfen würde, wenn Peking eine militärische Blockade anordnen sollte oder eine Invasionsflotte in Bewegung setzte. Umfragen weisen auf einen steigenden Anteil von Taiwanerinnen und Taiwanern hin, die bereit sind, ihr Land notfalls mit der Waffe zu verteidigen. Verschiedene Nichtregierungsorganisationen haben mit kleinen Ausbildungsprogrammen zum Aufbau einer Zivilverteidigung begonnen. Es gibt aber auch Menschen, die sich eine militärische Auseinandersetzung zwischen «Chinesen» nicht vorstellen können oder wollen und die Kriegsgefahr entweder ausblenden oder im schlimmsten Fall für Verhandlungen über möglichst günstige Bedingungen für eine «Wiedervereinigung», notfalls nach Maßgabe des Modells «ein Land, zwei Systeme», plädieren.

Die DFP-Regierung hat ihrerseits im Dezember 2022 angekündigt, die allgemeine Wehrpflicht ab dem 1. Januar 2024 von vier Monaten auf ein Jahr zu verlängern. Vor allem aber übt sie den engen Schulterschluss mit den USA und erwirbt moderne amerikanische Waffensysteme, um sich gegen einen Angriff Chinas zu verteidigen – wobei allen klar ist, dass ohne die militärische Unterstützung der USA keine Aussicht besteht, einen Angriff Chinas erfolgreich zurückzuschlagen. Washington wiederum hat in den letzten Jahren eine augenfällige taiwanpolitische Kurskorrektur vorgenommen. Besonders deutlich wurde dies mit der Verabschiedung des *Taiwan Policy Act* durch den US-Senat im September 2022. In ihm verpflichteten sich die USA zur Verhängung von Sanktionen gegen

China, sofern China gewaltsam gegen Taiwan vorginge und dessen territoriale Integrität (!) bedrohte. Zudem sah der Gesetzesentwurf allein für den Zeitraum der ersten vier Jahre nach seiner Verabschiedung die Gewährung finanzieller Mittel von 4,5 Milliarden US-Dollar für die Verteidigung Taiwans vor. Taiwan sollte zudem als wichtiger Nicht-Nato-Verbündeter (*major non-Nato ally*) der USA eingestuft werden und politische Unterstützung für sein Streben nach Mitgliedschaft in internationalen Organisationen und multilateralen Freihandelsabkommen erhalten. Letztlich passierte der *Taiwan Policy Act* nicht das House of Representatives und fand auch nicht die Zustimmung der Biden-Regierung.[26] Dennoch verweist sein Wortlaut mehr als deutlich auf den globalen Macht- und Einflusskonflikt zwischen den USA und China sowie auf die wichtige Rolle, die Taiwan darin für Washington spielt. Zukünftige, in dieselbe Richtung gehende Gesetzesinitiativen könnten erfolgreich sein. Auch vor diesem Hintergrund befindet sich der sino-taiwanische Souveränitätskonflikt, der viele Jahrzehnte nur köchelte und in den ersten Jahren der Präsidentschaft von Ma Ying-jeou von manchen KMT-Politikern gar als gelöst eingestuft wurde, seit 2016 – dem Jahr der erneuten Regierungsübernahme durch die DFP – in einem Prozess zunehmender Verschärfung, wenn nicht gar in einer militärischen Eskalationsdynamik.

Dafür spricht die in letzten Jahren sich kontinuierlich intensivierende Präsenz der Volksbefreiungsarmee in der Taiwanstraße. Dieser Prozess kulminierte 2021 und 2022 in einer bis dahin nicht gekannten Anzahl von Operationen chinesischer Kampfflugzeuge und Marineeinheiten vor den Küsten Taiwans. Nach dem Kurzbesuch Nancy Pelosis Anfang August 2022 simulierte die VBA eine Blockade, indem man zehn Tage lang Militärmanöver um die Insel herum durchführte und den Luftraum kontrollierte. In Taiwan hat dies zwar wenig Eindruck auf die Menschen gemacht, wohl aber dazu beigetragen, dass die protaiwanische DFP politisch punkten konnte. Gleichzeitig ist die oppositionelle KMT unter Druck geraten: Sie muss entscheiden, ob sie weiterhin an ihrem chinafreundlichen Ansatz festhalten und sich innenpolitisch, gegen die jetzige Regierung, als «Friedenspartei» profilieren will oder sich – gemeinsam mit der DFP – der zunehmenden Bedrohung durch das KP-Regime entgegenstellt. Noch gibt es keinen nationalen Konsens in dieser für die Souveränität und fortgesetzte De-facto-Unabhängigkeit der *Republik China auf Taiwan* existenziellen Frage. Einig sind sich alle Parteien jedoch, dass Taiwan nie zur Volksrepublik China gehört hat und der Souveränitätsanspruch der parteistaatlichen Führung in Peking über die Insel entschieden zurückzuweisen ist; dass das demokratische System nicht zur Disposition steht; und dass das Modell «ein Land, zwei Systeme» für Taiwan nicht infrage kommt. Es gibt also einen nationalen Konsens in der Sache, nicht aber in Bezug auf die daraus zu ziehenden Konsequenzen für die taiwanische Chinapolitik. Gut möglich, dass sich dies durch den zunehmenden Druck aus Peking bald ändern wird. Denn wenn die chinesische Regierung auf eine politische Unterwerfung Taiwans unter den Souveränitätsanspruch Pekings pocht und diesen mit militärischer Gewalt durchzusetzen versucht, dürfte sich das taiwanische Volk hinter seiner Regierung versammeln. Wenn sich dann die USA entschließen, direkt in diesen Konflikt einzugreifen, und ihre Alliierten in Asien-Pazifik zur militärischen Unterstützung auffordern, wird ein Krieg in der Taiwanstraße kaum mehr zu vermeiden sein.

# Ausblick

Die Ausführungen zur nationalen Identität Taiwans und zum sino-taiwanischen Konflikt in den vorangehenden beiden Kapiteln werfen unmittelbar die Frage nach der Zukunft des Inselstaats auf. Taiwan – das ist eine historisch gewachsene Einwanderungsgesellschaft mit zahlreichen chinesischen und «westlichen» kulturellen Einflüssen, die sich in den 1970er Jahren von ihren autoritären Fesseln zu befreien begann und eine demokratische Ordnung mit stabilen politischen Institutionen erkämpfte; eine erfolgreiche Exportwirtschaft, die in vielen Hochtechnologiesektoren eine internationale Spitzenstellung einnimmt oder gar Marktführer ist; eine Gesellschaft mit einer im internationalen Vergleich noch immer beeindruckend homogenen Einkommensverteilung, einem modernen Bildungssystem und einer vitalen Zivilgesellschaft; und ein Gemeinwesen, das mit seinem von der Mehrheit der Menschen getragenen Anspruch, eine Nation zu bilden und in einem eigenen souveränen Staat zusammenzuleben, weiterhin nur wenig internationale Anerkennung findet.

Der Grund dafür liegt auf der anderen Seite der Taiwanstraße, begründet in einem chinesischen Nationalismus, der sich aus der komplexen und schwierigen Geschichte Chinas im 19. und 20. Jahrhundert erklärt – und der unbeirrt daran festhält, dass die chinesische Nation in einem einzigen Staat leben soll. Der Kommunistischen Partei Chinas, die für sich in Anspruch nimmt, die chinesische Nation durch die 1949 vollzogene Gründung der Volksrepublik China endlich geeint zu haben, ist der chinesische Einheitsstaat heilig. Dahinter steht die historische Erfahrung mit der ständigen Teilung und Wiedervereinigung Chinas in der Kaiserzeit und die damit verbundene Überzeugung, eine geteilte Nation sei eine schwache Nation in einem schwachen Staat. Die meisten Chinesinnen und Chinesen, so scheint es, sehen dies genauso. Somit ist es, salopp gesprochen, die Pathologie der chinesischen Geschichte, mit der das demokratische Taiwan konfrontiert ist. Besonders problematisch ist in diesem Zusammenhang, dass der amtierende KP-Generalsekretär und Staatspräsident der VR China, Xi Jinping, die Herrschaftslegitimation des KP-Regimes wie kein anderer chinesischer Führer vor ihm an eine baldige Lösung der «Taiwanfrage» gebunden hat. Viele Beobachter spekulieren, dass der Grund dafür darin liegt, dass Xi das ehrgeizige Ziel verfolgt, eine «Wiedervereinigung» mit Taiwan höchstselbst in den nächsten Jahren herbeizuführen. Andere gehen davon aus, dass sie spätestens bis zum Jahr 2049, dem 100. Geburtstag der Volksrepublik China, erreicht werden solle. Kaum jemand im «Westen» zweifelt heute daran, dass ohne entschlossenen internationalen Widerstand die chinesische Regierung in nicht mehr allzu ferner Zukunft ihren Worten Taten folgen lassen wird und eine militärische Invasion in Taiwan wagt.

Der chinesische Irredentismus belastet das politische Gemeinwesen Taiwans, das angesichts der gefährlichen Lage trotzdem erstaunlich gelassen bleibt. Auf der politischen Bühne ist es vor allem die Auseinandersetzung um die «richtige» Chinapolitik, die die Parteilager spaltet – und nicht die Frage nach «Unabhängigkeit» oder «Wiedervereinigung». Nur eine kleine Minderheit in Taiwan wünscht sich einen Anschluss an die Volksrepublik China nach Maßgabe des Modells «ein Land, zwei Systeme». Dabei handelt es sich vornehmlich um Menschen, die keinen Krieg mit der VR China wollen und ihre Identität als «Chinese» über die politischen Freiheiten im heutigen Taiwan stellen. Die große Mehrheit der Inselbewohner denkt anders: Auch wenn diese Taiwanerinnen und Taiwaner nicht abstreiten, dass die taiwanische Kultur eng mit der *han*-chinesischen Kultur verbunden ist – die «historische Notwendigkeit» einer staatlichen «Wiedervereinigung» mit dem Festland, wie sie von der parteistaatlichen Führung in Peking seit Jahrzehnten gebetsmühlenhaft behauptet wird, sehen sie nicht. Und alle politischen Parteien in Taiwan sind sich einig, dass die staatliche Souveränität der Republik China unantastbar ist. Während die KMT hofft, durch ihr Festhalten an der gesamtchinesischen Idee («Konsensus von 1992») Verhandlungsspielraum und Zeit für Taiwan zu gewinnen, setzt die DFP inzwischen faktisch auf eine «Zwei-China-Politik» und wirbt für substanzielle sino-taiwanische Beziehungen «auf Augenhöhe». Die chinesische Regierung unter Xi Jinping lehnt beides ab und fordert in unmissverständlicher Klarheit von allen politischen Akteuren in Taiwan, sich ihrem Souveränitätsanspruch zu unterwerfen.

Durch die Verschiebungen der internationalen Machttektonik in der jüngeren Vergangenheit ist Taiwan nunmehr zum geopolitischen Hotspot geworden: Für den «Westen» nimmt die Inselrepublik heute beinahe schon die Rolle eines «kleinen gallischen Dorfes» im Westpazifik ein, das dem großen China unverdrossen die Stirn bietet und alle Sympathie und Unterstützung verdient. Die USA und Europa haben die «Taiwanfrage», spätestens seit Beginn des russischen Invasionskrieges in der Ukraine, internationalisiert, also genau das getan, was die chinesische Führung stets zu verhindern suchte. Im Ergebnis hat dies zu einer weiteren Verschärfung der Konfrontation zwischen China und dem «Westen», allen voran den USA, geführt und die Gefahr einer militärischen Eskalation in der Taiwanstraße stark erhöht. Allenthalben wird nur noch über den Zeitpunkt einer chinesischen Invasion spekuliert – und über die Frage, ob die USA Taiwan dann militärisch zu Hilfe kommen werden oder nicht. Die Zeichen stehen somit auf Konfrontation. Ein Krieg in der Taiwanstraße wäre aber zweifellos eine Tragödie, die es mit allen Mitteln zu verhindern gilt. Dies erfordert kluge politische Führerschaft und die Bereitschaft zu beiderseitigen Kompromissen. Eine solche ist derzeit aber nicht zu erkennen – vor allem nicht auf chinesischer Seite.

Die parteistaatliche Führung in Peking, selbstbewusst ob der Machtzunahme Chinas im internationalen System, setzt in der «Taiwanfrage» auf die Durchsetzung der eigenen Linie mit allen zur

Verfügung stehenden Mitteln. Taiwan droht damit das Schicksal Hongkongs – ein substanzieller Verlust an Freiheit auf systemischer und individueller Ebene. Es ist zu hoffen, dass der Inselrepublik dieses Schicksal erspart bleibt und die Volksrepublik China und Taiwan zu einer Lösung in einem bestandsfähigen politischen Rahmen finden, der die Idee der chinesischen Nation mit dem Gedanken einer in unterschiedlichen Systemen gelebten Verwirklichung dieser Idee versöhnt. Hier kreative Vorschläge zu entwickeln, den Konflikt so gut es geht zu deeskalieren und die derzeitige Krisensituation nicht zu verschärfen, ist nicht nur die Verantwortung Chinas, sondern auch des «Westens». In diesem Kontext ist die Frage zu stellen, ob die in jüngster Zeit stark angestiegene Zahl von Delegationen aus Europa und den USA, die nach Taiwan reisen, ein geeignetes Mittel sind, die Spannungen in der Taiwanstraße zu entschärfen – oder aber ob sie nicht genau das Gegenteil bewirken. Sie ist nicht leicht zu beantworten. Der «Westen» demonstriert seine Solidarität mit Taiwan, das als «Frontstaat» in einer globalen Auseinandersetzung zwischen Autoritarismus und Demokratie definiert wird. Damit wird jedoch einem konfrontativen Denken Vorschub geleistet, das immer tiefere Gräben zwischen dem «Westen» und China reißt und eine Eskalationsdynamik befördert, an deren Ende nur noch die gewaltsame Auseinandersetzung stehen kann. Die große Herausforderung für die internationale Politik ist es, dieser Dynamik zu entgehen und – im konkreten taiwanischen Fall – Wege zu finden, den Konflikt zumindest «einzufrieren». Taiwan ist zu einem Ort geworden, an dem sich der Erfolg des gegenwärtigen Ringens um internationale Stabilität und eine friedliche neue Weltordnung mitentscheidet.

# Epilog

Dieses Buch schließt mit einem knappen Blick auf die am 13. Januar 2024 durchgeführten Präsidentschafts- und Parlamentswahlen in Taiwan, deren Ergebnisse nicht mehr in den Haupttext dieses Buches aufgenommen werden konnten. Wie schon die Urnengänge in den vergangenen Jahren wurden auch diese von den nationalen und internationalen Medien als «Schicksalswahlen» tituliert. Man darf sich fragen, ob es überhaupt noch Wahlen in der Inselrepublik geben kann, die nicht «schicksalhaft» genannt werden. So forderte die oppositionelle KMT die Wählerinnen und Wähler auf, zwischen Frieden und Krieg zu entscheiden: nur die KMT könne den Frieden mit China wahren, die DFP hingegen werde einen Krieg provozieren. Die regierende DFP hingegen warnte davor, von der Chinapolitik der Ära Tsai Ing-wen auch nur einen Deut abzuweichen, wolle man die Souveränität und Demokratie Taiwans nicht aufs Spiel setzen. Die chinesische Regierung wiederum ließ verlauten, dass eine Fortsetzung der DFP-Herrschaft gravierende Konsequenzen für die Zukunft der Insel haben würde, und dass die Taiwanerinnen und Taiwaner daher eine Entscheidung treffen sollten, die im Einklang mit dem «notwendigen und unvermeidlichen Lauf der Geschichte» sowie dem Willen des taiwanischen Volkes stehe – nämlich zum «Mutterland» zurückzukehren. Anstatt in der Chinapolitik nach einem politischen Konsens zu suchen und die Reihen gegen den Druck aus Peking zu schließen, verlief der Wahlkampf der beiden wichtigsten politischen Parteien wie eh und je: Man stellte die (vermeintlichen) Unterschiede in der Chinapolitik in den Vordergrund und baute diese, wie schon so oft in der Vergangenheit, zu einer Überlebensfrage auf.

In den Präsidentschaftswahlen setzte sich der Kandidat der Regierungspartei und bisherige Vize-Präsident, Lai Ching-teh, mit einer relativen Mehrheit von 40,05 Prozent der Stimmen durch. Wie schon im Jahr 2000, als die DFP das erste Mal an die Macht kam, gelang es der Opposition nicht, einen gemeinsamen Kandidaten ins Rennen zu schicken und damit ihre numerische Mehrheit in der Wählerschaft auszunützen: Die Weigerung des Kandidaten der erst 2019 gegründeten Taiwan People's Party (TPP) und früheren Bürgermeisters von Taipei, Ko Wen-je, zusammen mit dem KMT-Bewerber Hou You-yi, seines Zeichens Bürgermeister von New Taipei-City, eine Allianz zu bilden, führte zur Spaltung des oppositionellen Stimmenpools. Beide gingen deutlich hinter Lai in Ziel: Hou mit 33,49 Prozent der abgegebenen Stimmen, Ko mit einem Stimmenanteil von 26,46 Prozent. Da in Taiwan eine relative Mehrheit in einem einzigen Wahlgang für den Sieg reicht, wird in den nächsten vier Jahren somit weiterhin ein Präsident aus den Reihen der DFP die außenpolitischen Geschicke Taiwans lenken – allerdings mit einem deutlich schwächeren Mandat ausgestattet als seine Vorgängerin Tsai.

Anders sieht es im 113 Sitze umfassenden Legislativyuan, dem taiwanischen Parlament, aus. Hier wurde die KMT stärkste Partei, gewann 14 Mandate hinzu, verfehlte mit nunmehr 52 Sitzen die angestrebte absolute Mehrheit jedoch klar. Diese absolute Mehrheit hat die DFP wiederum verloren. Sie verfügt zukünftig nur noch über 51 Sitze im Parlament (ein Verlust von 10 Mandaten gegenüber 2020), während die TPP drei Mandate hinzugewann und mit acht Sitzen zukünftig ein unverzichtbarer Mehrheitsbeschaffer für die Verabschiedung von Gesetzen sein dürfte. Der neue Präsident wird somit – genauso wie seinerzeit Chen Shui-bian – sein innenpolitisches Programm nicht mehr ohne erhebliche Zugeständnisse im Legislativyuan durchsetzen können. Inwiefern die angekündigten Bemühungen von Lai Ching-teh, mit der Opposition zusammenzuarbeiten, im hochpolarisierten politischen System Taiwans Erfolg haben können, bleibt abzuwarten. Skepsis ist angebracht. Taiwan hat weder Erfahrung mit Koalitionsregierungen noch mit einer

Duldung einer Minderheitsregierung durch die parlamentarische Mehrheit. Möglich ist daher eine weitgehende Paralyse der Arbeit im Legislativyuan, wie schon zwischen 2000 und 2008.

Diese Aussicht ist weit besorgniserregender als die internationalen Verwerfungen oder Konsequenzen für die sino-taiwanischen Beziehungen, die von diesen Wahlen ausgehen könnten. Denn faktisch ändert sich nicht viel: Lai Ching-teh kündigte bereits lange vor den Wahlen an, die Chinapolitik seiner Vorgängerin weiterführen zu wollen. Die VR China wiederum hat längst die Hoffnung aufgegeben, dass die KMT – in welcher Konstellation auch immer – ihrem Wiedervereinigungsziel dienlich sein könnte. Der Spielraum für eine eigenständige Chinapolitik ist für Taiwan in den vergangenen Jahren zudem enorm geschrumpft. Die eigentlichen Protagonisten, die die Beziehungen zwischen China und Taiwan bestimmen, sitzen in Peking und Washington. Dort entscheidet sich, ob sich die Spannungen zwischen den beiden Seiten der Taiwanstraße zukünftig weiter zuspitzen werden oder es aber zu einem *modus vivendi* kommt, der den gegenwärtigen Zustand einfriert und damit die unmittelbare Kriegsgefahr bannt. Dies wäre auch unter einer KMT-geführten Regierung so.

Was den taiwanischen Entscheidungsträgern bleibt, ist eine schwierige Gratwanderung: Wie viel Anstrengungen will man in die eigenen Verteidigungsfähigkeiten stecken, und mit welchen Schwerpunkten? Ist es notwendig, vor allem auf den Ausbau der militärischen und zivilen Kapazitäten für eine asymmetrische Kriegführung zu setzen – also auf die von den USA schon lange geforderte «Stachelschwein-Strategie»? Oder muss Taiwan vor allem moderne Panzer, Schiffe und Flugzeuge besitzen, um einem Angriff Chinas zu trotzen – weil man nicht sicher sein kann, ob und in welchem Umfang sich die USA in einem solchen Konflikt militärisch engagieren würden. In dieser Frage wäre ein überparteilicher, sogar ein gesellschaftlicher, Konsens notwendig. Doch davon ist Taiwan weit entfernt. Die Opposition aus KMT und TPP wird auch zukünftig verlangen, die taiwanische Regierung müsse glaubhaft machen, keinen Unabhängigkeitskurs zu verfolgen und alles dafür tun, die Kontakte zum chinesischen Festland zu revitalisieren. Die DFP wird dieser Forderung entgegensetzen, Kontakte seien jederzeit möglich, aber nicht nach Maßgabe des «Konsensus von 1992» bzw. des «Ein-China-Prinzips», die für Peking unbedingte Voraussetzung neuer Gespräche mit der taiwanischen Regierung sind. Ansonsten macht die DFP längst schon geltend, dass sie lediglich die Souveränität der Republik China (Taiwan) verteidigt und nicht nach der Ausrufung einer taiwanischen Republik strebt.

Im Osten also nichts Neues. So sieht Taiwan weiterhin einer unsicheren Zukunft entgegen. Die Demokratie der Inselrepublik ist in vielerlei Hinsicht zum Spielball für die internationale Politik geworden, deren Akteuren es nicht zuletzt um die Absicherung ihres Zugangs zu den taiwanischen Fertigungsstätten für die modernsten Chip-Generationen und die Sicherung der globalen Lieferketten für die Halbleiterindustrie geht. Falls sich die Beziehungen zwischen den USA und China nicht bessern, wird zudem der geostrategische Wert Taiwans als wichtiges Tor zum Westpazifik steigen. Entsprechend energisch dürften die USA den Anspruch erheben, die taiwanische Chinapolitik maßgeblich mitzubestimmen. Präsidentschaftswahlen wie die vom 13. Januar 2024 können daran nichts ändern. Es bleibt somit zu hoffen, dass sich die politischen Führungen in Washington, Peking und auch in Europa und Japan als verantwortungsbewusst genug erweisen, eine militärische Eskalation in der Taiwanstraße durch eine weitsichtige Politik zu verhindern und damit eine weitere globale Katastrophe abzuwenden. Allein wird Taiwan dies nicht schaffen können.

# Editorische Hinweise

In diesem Buch werden Namen und Ortsbezeichnungen mit der in Taiwan üblichen Schreibweise wiedergegeben. Für die Übersetzung bestimmter Fachbegriffe verwende ich das *Pinyin*-Umschriftsystem, das sich international gegenüber dem in Taiwan üblichen, allerdings nicht konsequent angewendeten Wade-Giles-System durchgesetzt hat. Auf Quellenbelege habe ich um der besseren Leserlichkeit willen verzichtet. Dafür steht am Ende des Buches ein Verzeichnis vertiefender bzw. weiterführender Literatur zu den historischen Perioden und Themen, die in den einzelnen Kapiteln behandelt werden. Die Niederschrift des Manuskripts wurde im Juni 2023 beendet.

# Anmerkungen

## *Einleitung*

1 Eine Luftraumüberwachungszone ist vom nationalen Luftraum zu unterscheiden. Über einen Luftraum verfügen international anerkannte souveräne Staaten. Luftraumüberwachungszonen werden von zahlreichen Staaten – darunter auch Taiwan – deklariert, um Flugzeuge vor dem Erreichen des eigenen Luftraums zu identifizieren.

2 Als «Westen» wird in diesem Buch eine politische Wertegemeinschaft bezeichnet, die im Wesentlichen von den europäischen Demokratien und den USA gebildet wird, deren Werte aber auch demokratisch verfasste Staaten in anderen Weltregionen teilen.

3 In diesem Buch werden *China* und die *VR China* synonym verwendet, genauso wie *Taiwan* und die *Republik China*. *«China»* wiederum bezeichnet einen staatlich unbestimmten (territorialen, kulturellen, nationalen) Raum, um dessen genaues Verständnis zwischen Peking und Taipei gestritten wird.

4 Die Seidenstraßeninitiative, auch bekannt als *Belt and Road Initiative* (BRI), ist ein von China im Jahr 2013 gestartetes und umfangreiches Entwicklungsprojekt. Sie zielt darauf ab, die Handelswege zwischen Asien, Europa und Afrika zu stärken. Die Initiative umfasst den Bau von Infrastrukturprojekten wie Straßen, Eisenbahnen, Häfen und Pipelines, um den Austausch von Waren, Dienstleistungen und Investitionen zu erleichtern. China plant, mehrere Routen zu etablieren, die die wirtschaftliche Integration und Zusammenarbeit in den beteiligten Regionen fördern sollen. Kritiker sehen die Initiative als Versuch Chinas, seine geopolitische und wirtschaftliche Macht auszudehnen und in strategisch wichtigen Regionen Einfluss zu gewinnen.

5 Im ersten Pandemiejahr, 2020, verzeichnete Taiwan nur sehr wenige Infektionsfälle. Erst im Frühjahr 2021 kam es zu einer größeren Ansteckungswelle, doch auch diese bekam die taiwanische Regierung bald in den Griff. Die Einreise nach Taiwan wurde schon Anfang 2020 scharf reguliert bzw. nahezu verunmöglicht, während im Land selbst eine Mischung aus digitaler Kontaktverfolgung und Isolierung von Infizierten

sowie das konsequente Tragen von Masken im öffentlichen Raum und eine transparente Kommunikationsstrategie der Regierung dazu beitrugen, die Ansteckungszahlen gering zu halten. Zu keinem Zeitpunkt während der Pandemie wurde in Taiwan ein Lockdown verfügt.

6 Die Darstellung folgt insofern einer breit etablierten Periodisierung der taiwanischen Geschichte, die allerdings von einigen Wissenschaftlern zu Recht als westliche Kolonialgeschichte, als *colonial gaze*, kritisiert wird. So haben die Ureinwohnerstämme Taiwans und auch die chinesischen Migranten diese Geschichte sicherlich anders erlebt, in einer anderen Taktung und mit anderen prägenden Erfahrungen. Ich habe mich bemüht, diese Perspektiven einfließen zu lassen. Eine konsequente postkolonialistische bzw. «indigene» Perspektive erforderte allerdings eine andere, sehr viel breitere Anlage der Darstellung.

7 Mit einem Bruttoinlandsprodukt von 761,7 Milliarden US-Dollar im Jahr 2022 stand Taiwan weltweit auf dem 21. Rang und war viertgrößte Volkswirtschaft in Ostasien (nach China, Japan und Südkorea). Zudem befand sich Taiwan mit einem Gesamtexport im Wert von 479,4 Milliarden US-Dollar 2022 auf dem 16. Rang der führenden Welthandelsnationen.

## 1. Geografie, Klima, Bevölkerung

1 Die bekanntesten Inseln bzw. Inselgruppen sind Penghu (Pescadoren), Matsu, Kinmen, die Orchideeninsel (Lanyu), Green Island und die im Südchinesischen Meer gelegenen Dongsha-Inseln (Pratas) und die Insel Taiping (Itu Aba). Taiwan bzw. die Republik China erhebt im Südchinesischen Meer dieselben territorialen Ansprüche wie die VR China. Faktisch leitet Peking seine Ansprüche von denen der früheren Republik ab. Allerdings bekennt sich Taiwan zu einigen Prinzipien der Internationalen Seerechtskonvention von 1982, vor allem im Hinblick auf die Freiheit der Schifffahrt und des Luftraums über dem Südchinesischen Meer.

2 Andere Quellen schätzen die Zahl der Anhängerinnen und Anhänger dieser Sekte auf 3–4 Prozent der Bevölkerung. I-Kuan Tao (übersetzt: «Weg der Einheit») inkorporiert programmatisch Elemente aller großen Religionen und entstand Ende des 19. Jahrhunderts in der nordchinesischen Provinz Shandong.

3 Nach jüngeren Zahlen sollen Christen einen Anteil von 5–6 Prozent an der Gesamtbevölkerung ausmachen. Die Presbyterianische Kirche ist mit ca. drei Prozent die größte und älteste christliche Glaubensgemeinschaft. Sie kam bereits Mitte des 19. Jahrhunderts im Zuge der protestantischen Missionsbewegung nach Taiwan und spielte in den 1970er und 1980er

Jahren eine wichtige Rolle in der taiwanischen Demokratiebewegung. Daneben gibt es noch viele andere protestantische Kirchen. Die Gläubigen der katholischen Kirche machen etwa 1,5 Prozent der Gesamtbevölkerung aus.

## *2. Von den Anfängen menschlicher Besiedelung bis zum Ende der Qing-Herrschaft*

1 Es handelt sich um die Ami, Atayal, Bunun, Hla'alua, Kanakanavu, Kavalan, Paiwan, Puyuma, Rukai, Saaroa, Saisiyat, Sakizaya, Seediq, Thao, Truku, Tsou. Daneben gibt es noch 30–40 weitere Stammesgruppen, die um ihre offizielle Anerkennung als Ureinwohnerstamm kämpfen.

2 Es gibt Hinweise, dass bereits zu Zeiten der südlichen Song-Dynastie (1126–1279) sowie in der anschließenden Yuan-Dynastie (1279–1368) Chinesen die Taiwanstraße durchquerten und dabei die Taiwan westlich vorgelagerten Pescadoren erreichten, um mit den dort lebenden Ureinwohnern Handel zu treiben. Bis nach Taiwan selbst gelangten sie wohl nicht, möglicherweise weil sie die dort lebenden kriegerischen Stämme fürchteten, aber auch, weil Taiwan zu diesem Zeitpunkt noch nicht in die bestehenden Handelsnetzwerke eingebunden war und es deshalb keine ökonomischen Anreize für eine Übersetzung auf die Insel gab.

3 *Minnanyu* meint übersetzungsgetreu die «südlich des Min-Flusses gesprochene Sprache», wird aber meistens als Oberbegriff für den wichtigsten in Fujian (und Teilen der Provinzen Guangdong und Zhejiang) gesprochenen Dialekt verwendet. Dieser wird auch als *Hokkien*-Dialekt bezeichnet, und die ihn sprechenden Menschen als *Hoklo*.

4 *Hakka* bedeutet übersetzt «Gastfamilie» oder «Gasthaus». Historisch gesehen sind die *Hakka* das Ergebnis eines komplexen Fusionsprozesses verschiedener chinesischer Bevölkerungsgruppen, die zwischen dem 4. und 10. Jahrhundert n. d. Z. in die südchinesische Provinz Guangdong einwanderten und dort eine eigene Kultur ausbildeten.

5 Die Angaben für beide Gruppen schwanken je nach Berechnungs- bzw. Bezugsgrundlage.

6 1582 waren portugiesische Seefahrer nach einem Schiffbruch in Taiwan gestrandet. Sie wurden von Ureinwohnern eingeladen, in ihren Dörfern zu leben, und verbrachten die nächsten zwei Jahre dort. Als 1584 die ersten Spanier im Rahmen einer Handelsexpedition zu den Philippinen auch nach Taiwan kamen, um die portugiesische Besatzung zu suchen und einen Außenposten einzurichten, wurden die Portugiesen von ihnen gezwungen, Taiwan zu verlassen.

7 Auch Japan hatte schon in dieser frühen Zeit Interesse an Taiwan gezeigt. 1609 und 1610 erreichten zwei japanische Expeditionen die Insel mit dem Ziel, Kontrolle über ihre Ressourcen und über den Handel der Ureinwohner mit der Außenwelt, also vor allem mit chinesischen Händlern, zu erlangen. Außerdem eignete sich Taiwan als Ausgangsbasis für militärische Operationen gegen China. Als Ergebnis dieser insgesamt wenig erfolgreichen Expeditionen entstanden kleinere japanische Handelsstützpunkte (z. B. nahe der heutigen Städte Tainan und Keelung sowie nördlich von Taoyuan), von denen allerdings kein systematischer kolonialer Erschließungswille ausging. Diese wahrscheinlich nur wenige Hundert zählende Gruppe musste Taiwan mit der vom Tokugawa-Shogun 1639 ausgerufenen *sakoku*-Politik (Politik des geschlossenen Landes), durch die sich Japan bis Mitte des 19. Jahrhunderts isolierte, jedoch verlassen und nach Japan zurückkehren.

8 *Taiwan* heißt übersetzt «Terrassenbucht», doch scheint diese Bedeutung nichts mit der Herkunft des Namens der Insel zu tun zu haben.

9 Das für den Tourismus restaurierte Fort befindet sich heute in Anping, einem Stadtbezirk von Tainan.

10 Fort Provintia wurde 1862 durch ein Erdbeben zerstört und 1875 durch einen Aussichtsturm ersetzt, der auch heute noch besichtigt werden kann.

11 Obwohl Japan unter dem Tokugawa-Shogun 1639 den maritimen Überseehandel verboten hatte, waren die Holländer davon ausgenommen. Diesen gestattete man periodisch die Einfuhr in den Hafen von Nagasaki. Der Grund für diese Ausnahme lag u. a. darin, dass Holland eine protestantische Nation war, deren Missionierungselan von Japan als weniger aggressiv wahrgenommen wurde als jener der katholischen Seefahrernationen. Der Handel blieb jedoch auf bestimmte Waren wie Seide, Gewürze und Kupfer beschränkt.

12 Diese Schulen vermittelten vor allem eine religiöse Erziehung, mit der den Frauen, Männern und Kindern der Ureinwohner beigebracht wurde, in ihrer jeweils eigenen Sprache zu lesen und schreiben. Dafür entwickelten die Missionare zwei Schriftsysteme, die die beiden wichtigsten Ureinwohnersprachen – Sinkan und Favorolang – mit Hilfe des lateinischen Alphabets transkribierten.

13 Die Praxis der Zwangsabtreibung diente dazu, die jungen Männer frei von familiärer Verantwortung zu halten, damit sie sich auf die risikoreiche Jagd und die vielen Kriegszüge gegen feindliche Stämme konzentrieren konnten. Die Abtreibungen wurden durch Massage vorgenommen, bis die Frauen weit über 30 Jahre waren und ihre wenig älteren Männer ihre «aktive Karriere» als Jäger und Krieger beendeten.

14 Der Versuch der Holländer, eine Grenze zwischen den Siedlungsgebieten der Chinesen und den Stammesgebieten der Ureinwohnerstämme zu ziehen, scheiterte. Der Druck auf das Land der Ureinwohner war zu groß.

15 Am Ende der holländischen Kolonialzeit sollen zwischen 35 000 und 50 000 chinesische Siedler in Taiwan gelebt haben. Die Ureinwohnerbevölkerung wird für das 17. Jahrhundert relativ stabil auf 100.–120 000 geschätzt.

16 Der Name Koxinga geht auf die Anglisierung des japanischen *Kokusenga* zurück, eine Übersetzung des Ehrentitels *Guó Xìng Yé*, mit dem Cheng Cheng-kung offensichtlich von Japanern angesprochen wurde. In dieser Zeit gab es viele Handelskontakte zwischen Chinesen und Japanern im südchinesischen Raum. In der Literatur wird Koxinga häufig als «Pirat» bezeichnet, da wegen der weitgehenden Illegalisierung des maritimen Überseehandels durch Japan (und zuvor durch das spät-Ming-zeitliche China) jeder als «Pirat» galt, der sich darüber hinwegsetzte.

17 Zwischen 1664 und 1668 gelang es den Holländern kurzzeitig, sich erneut im nördlichen Keelung festzusetzen. Ziel war, die Handelsflotte der Cheng-Familie, die zwischen der südchinesischen Küste und Nagasaki segelte, aufzubringen und mit den Qing einen eigenen Handel aufzubauen. Dies erwies sich letztlich jedoch als nicht lukrativ genug, so dass die Holländer Taiwan im Dezember 1668 endgültig verließen.

18 Auch die Koxinga-Zeit wird heute partiell vom taiwanischen Nationalismus vereinnahmt, da Koxinga für einen erfolgreichen Widerstand Taiwans gegen China steht. Allerdings war Koxinga ein Anhänger des Kaiserreichs und der Herrschaft der *han*-chinesischen Dynastie der Ming, der sich gegen die Mandschus, eine Fremdmacht, stellte. Er ist insofern auch eine Galionsfigur eines ethnisch aufgeladenen *han*-chinesischen Nationalismus, die in der VR China nicht minder verehrt wird – vor allem in Koxingas Heimatprovinz Fujian.

19 Diese Angaben können nur grobe Schätzungen sein, da in dieser Zeit weder die *han*-chinesische Bevölkerung noch die der Ureinwohnerstämme systematisch gezählt wurden. Der erste Zensus wurde erst 1905 unter der Kolonialherrschaft der Japaner durchgeführt.

20 Nur alleinstehende Männer konnten legal nach Taiwan emigrieren, was zunächst dazu führte, dass es eine temporäre Migration während der Erntezeiten gab und die meisten Chinesen danach wieder zu ihren Familien auf das Festland zurückkehrten.

21 Die Landbesitzerklasse verfügte bald auch über eigene Milizen und delegierte die Kontrolle über die Ureinwohner auf chinesische Pachtbauern. Die dadurch entstehenden klientelistischen Verhältnisse zwischen rei-

chen und wirtschaftlich abhängigen Siedlern sind historische Vorläufer der sogenannten Lokalfaktionen (*difang paixi*), die bis heute das politische Leben in Taiwan maßgeblich mitbeeinflussen.

22 Für die Qing hatte dieses System den Vorteil, dass sie die Steuereintreibung in den vielen Dörfern nicht selbst organisieren mussten.

23 Der ständige Wechsel der Qing zwischen einer restriktiven und lockeren Emigrationspolitik wich erst in den 1790er Jahren allmählich einer kontinuierlichen Liberalisierung.

24 Ab 1768 musste für Land, das die Ureinwohner an chinesische Siedler verpachteten, keine Steuer an die Qing mehr gezahlt werden. Damit wurde ein weiterer Anreiz für die Ureinwohner geschaffen, das von ihnen beanspruchte Land kultivieren zu lassen.

25 Im Zeitraum zwischen 1777 und 1824 verdreifachte sich die Zahl chinesischer Immigranten von ca. 600 000 auf 1,8 Millionen.

26 Opium war das wichtigste Importprodukt und machte in der Zeit von 1868–70 knapp 73 Prozent des gesamten Einfuhrvolumens aus. Danach sank dieser Anteil zwar ab, machte gegen Ende des 19. Jahrhunderts aber immer noch über 40 Prozent aus.

27 Dieser Krieg wurde um die Vorherrschaft über Vietnam geführt und endete mit einer Niederlage Chinas.

28 Mehrmals im 19. Jahrhundert wurde Taiwan militärisch bedroht: So landeten 1866 Truppen aus den USA, 1869 aus Großbritannien, 1874 aus Japan und 1884 aus Frankreich. Doch verließen diese die Insel bald wieder oder wurden militärisch zurückgeschlagen. An einer Besetzung Taiwans war letztlich keine Kolonialmacht mehr ernsthaft interessiert, weil es inzwischen Möglichkeiten gab, sich direkt an der chinesischen Küste Zugang zum Kaiserreich zu verschaffen.

### *3. Die japanische Kolonialzeit*

1 Dieser Krieg dauerte von August 1894 bis April 1895 und wurde um die Vorherrschaft über die koreanische Halbinsel geführt.

2 Tang setzte sich allerdings nur eher widerwillig an die Spitze der neuen Republik und floh am 6. Juni auf das chinesische Festland. Somit kennzeichnet dieser Tag auch das offizielle Ende von *Minzhuguo*. Am 7. Juni nahmen die kaiserlichen japanischen Truppen Taipei ein. Am 17. Juni wurde der erste japanische Generalgouverneur Taiwans, Kabayama Sukenori (1837–1922), mit seiner Regierung in einer feierlichen Zeremonie ins Amt gesetzt.

3 Die japanische Besatzungsmacht gab allen Taiwanerinnen und Taiwa-

nern, die es wollten, bis zum 8. Mai 1897 (dem zweiten Jahrestag der Ratifizierung des Vertrages von Shimonoseki) Zeit, nach China überzusiedeln. Etwa 50 000, vor allem Angehörige der wohlhabenden Schicht, sollen daraufhin Taiwan verlassen haben. Nach diesem Datum wurden alle Inselbewohner offiziell zu «Koloniebewohnern» (*Takushu*), eine den japanischen Staatsbürgern untergeordnete Gruppe von Menschen, die nun offiziell zum japanischen Kaiserreich gehörten.

4 Der letzte große Aufstand der Ureinwohner, durch den Stamm der Sediq, ereignete sich im Oktober 1930 (Musha-Rebellion). Seine Unterdrückung führte nahezu zur Auslöschung der Sediq.

5 Das *baojia*-System war ein Instrument der sozialen Kontrolle und sozialen Mobilisierung, das in China während der Song-Dynastie (960–1279) entwickelt wurde. Es basierte auf einer Methode zur Einteilung von Gemeinden in Gruppen von etwa zehn Haushalten, die als *Bao* bezeichnet wurden. Jedes *Bao* hatte einen Anführer (*baozhang*), der für die Überwachung und Meldung von kriminellen Aktivitäten und Unruhen innerhalb seines *Bao* an die lokalen Behörden, aber auch für die Steuereintreibung und die Rekrutierung von Arbeitskräften für staatliche Bauprojekte verantwortlich war. Die Japaner modifizierten das System (*hoko*) stärker in Richtung sozialer Kontrolle; Verfehlungen Einzelner zogen immer eine kollektive Verantwortung und Bestrafung der gesamten Einheit nach sich.

6 1939 war Taiwan zum weltweit siebtgrößten Zuckerproduzenten aufgestiegen.

7 Durch die Einführung eines Lizenzierungssystems brachten die japanischen Kolonialbehörden den Konsum von Opium in Taiwan unter ihre Kontrolle und generierten mit dem Handel und Export von Opium (vor allem auf das chinesische Festland) substanzielle Revenuen für den Haushalt.

8 1905 wurde ein erster Zensus durchgeführt, weitere folgten. Demnach verdoppelte sich die Bevölkerung zwischen 1905 und 1943 – von ca. 2,9 auf knapp sechs Millionen. Nur ca. 57 000 Japaner lebten 1905 in Taiwan, und auch danach blieb diese Bevölkerungsgruppe, ungeachtet ihrer Verfünffachung bis 1936, eine relativ kleine Minderheit.

9 Taiwan hatte in dieser Zeit die höchste Einschulungsrate in ganz Asien.

10 In der 1928 gegründeten *Taiwan Imperial University*, Vorläuferin der heutigen National Taiwan University (NTU), waren Taiwaner zwar zugelassen. Sie machten jedoch immer nur einen kleinen Teil der eingeschriebenen Studierenden aus. Die Mehrheit bestand aus japanischen Staatsbürgern. Nur besonders begabten taiwanischen Kindern aus wohl-

habenden Familien wurde in Japan selbst Zugang zu einer Universität gewährt: 1922 waren dies 2400, 1942 immerhin 7000.

11 *Dōka*: Wandel, Umschwung. Die *Dōka*-Periode bezeichnet eine literarische und künstlerische Bewegung in Japan, die sich für eine Abkehr von der Tradition und eine Hinwendung zu neuen Ideen und Stilen einsetzte. Auch auf der politischen Ebene stand diese Zeit für institutionelle Innovationen und politische Öffnung. Hier zeigt sich die enge Verbindung zur imperialen Taishō-Zeit (1912–1926), als Japan zu einer konstitutionellen Monarchie und parlamentarischen Demokratie wurde. Dieser Reformeifer, dem durch den in den 1930er Jahren aufkommenden japanischen Militarismus ein Ende gesetzt wurde, schwappte kurzzeitig auch auf Taiwan über.

12 1920 wurde das Verwaltungssystem Taiwans reorganisiert und u.a. fünf Präfekturen (*shū*) geschaffen: Taihoku (heute: die Region Taipei), Shinchuku (heute: die Region Hsinchu), Taichū (heute: die Region Taichung), Tainan und Takao (heute: die Region Kaoshiung). Zwei Bezirke (*chō*) unterhalb der Präfektur-Ebene entstanden an der dünn besiedelten Ostküste: Karenkō-Chō (heute: die Region Hualien), Taitō-Chō (heute: die Region Taitung).

13 Die Bewegung brachte zwischen 1921 und 1934, als sie verboten wurde, insgesamt 15 erfolglose Petitionen in das japanische Parlament ein.

14 Der Pazifikkrieg begann nach dem japanischen Angriff auf den US-Flottenstützpunkt Pearl Harbor in Hawaii am 7. Dezember 1941.

15 *Kōminka*: Volkshaus. Gemeint ist eine Assimilierungspolitik, mit der die Taiwaner ein vollumfänglich japanisches Bewusstsein ausbilden sollten.

16 Die Namensänderung erfolgte prinzipiell freiwillig und folgte einem stark regulierten Verfahren, das den Taiwanern eine «Ehre» vorgaukelte, die mit der Annahme eines japanischen Namens verbunden sein sollte. Zum Kriegsende waren es allerdings nur ca. sieben Prozent der Inselbevölkerung, die einen japanischen Namen trugen. Diese Maßnahme war also nicht sonderlich erfolgreich.

17 Der *Shintō*-Kult (oder *Shintoismus*) bezieht sich auf eine indigene Religion Japans und geht auf die traditionelle kultische Verehrung der Natur, Ahnen und von verschiedenen Göttern zurück. *Shintō* bedeutet «Weg der Götter» oder «Weg der Kami», die Naturphänomene, historische Persönlichkeiten oder eine Vielzahl von Geistern repräsentieren können. Die Sonnengöttin Amaterasu ist der höchste Kami und gilt als Schutzpatronin Japans. Der Shintoismus ist keine formale Religionsgemeinschaft, sondern bezeichnet eine religiöse Praxis, die oft mit anderen religiösen Traditionen vermischt wird.

18 Der militärische Pflichtdienst wurde erst im April 1945 eingeführt. Insgesamt kamen ca. 30 000 Taiwanerinnen und Taiwaner im Pazifikkrieg ums Leben.

19 Während 1917 lediglich 21 Prozent aller einheimischen Jungen und vier Prozent aller Mädchen eine Grundschule besuchten, waren es 1943 bei den Jungen 81 Prozent und bei den Mädchen 61 Prozent.

20 Anfänglich beschränkte sich dieser Zugang auf technische sowie agrar- und ingenieurwissenschaftliche Studiengänge. Zudem konnten Taiwaner sich zu Lehrern und Pflegepersonal ausbilden lassen. Später wurden sie auch in anderen Fächern, vor allem Medizin und Rechtswissenschaften, zugelassen. Die Zugangsberechtigung war stets scharfen Quotierungen unterworfen, die die taiwanischen Studienbewerber diskriminierten.

21 2016 wurde in Taipei ein Museum zur Geschichte der taiwanischen «Trostfrauen», das Ama-Museum, eröffnet.

## *4. Die autoritäre Herrschaft der Kuomintang (1945–1987)*

1 Die Potsdamer Erklärung bezog sich darin wiederum auf die Kairoer Erklärung vom 27. November 1943, in der die Alliierten festhielten, dass alle von Japan China «gestohlenen» Gebiete an die Republik China übertragen werden sollten. Bis heute gibt es allerdings keinen Konsensus unter Rechtswissenschaftlern, ob die Inkorporierung Taiwans und der Pescadoren in die Republik China völkerrechtskonform erfolgt ist bzw. ob diese überhaupt erfolgt ist. In Artikel 2 des zwischen Japan und 48 weiteren Staaten geschlossenen Friedensvertrags von San Francisco vom September 1951 (in Kraft getreten im April 1952) gab Tokio seine territorialen Ansprüche zwar auf, doch stipulierte der Vertrag nicht, wer zukünftig die Souveränität über Taiwan und die Pescadoren ausüben würde. Zudem waren weder die Republik China noch die VR China Vertragspartei. In dem zwischen der Republik China und Japan geschlossenen Vertrag von Taipei vom April 1952 (in Kraft getreten im August 1952) wurden die Bestimmungen des Vertrages von San Francisco bestätigt und stipuliert, dass alle Bewohnerinnen und Bewohner Taiwans und der Pescadoren fortan Bürger der Republik China wären. Doch es blieb strittig, ob damit eine völkerrechtskonforme Übergabe Taiwans an die Republik China erfolgt war. Aus Sicht der KMT-geführten Regierungen in Taiwan begründen die genannten Deklarationen und Vertragswerke eine Souveränität der Republik China über Taiwan, die auch nach dem Ende des chinesischen Bürgerkriegs weiterbestand und einen gesamtchinesischen Vertretungsanspruch begründet. Für die parteistaatliche Regierung in Peking

ist die Volksrepublik spätestens seit ihrer Aufnahme in die Vereinten Nationen Rechtsnachfolgerin der früheren chinesischen Republik, wodurch Taiwan heute zweifelsfrei zur VR China gehöre. Für die taiwanischen Unabhängigkeitskräfte besitzen weder die Republik China noch die VR China einen Souveränitätsanspruch über Taiwan, weil die Souveränitätsfrage nach der japanischen Kapitulation aus politischen Gründen nicht geklärt worden sei. Daher habe Taiwan schon längst das Recht, eine Verfassung zu beschließen und auf dieser Grundlage einen neuen Staat zu gründen.

2 Die anfänglich optimistische Grundstimmung mit einer nationalistischen Gesinnung der Bevölkerung gleichzusetzen, wird der Realität jener Zeit jedoch kaum gerecht. Pure Erleichterung über das Ende der japanischen Herrschaft über Taiwan und die Hoffnung auf bessere Zeiten, wie auch immer diese aussehen mochten, erklären die anfängliche Begeisterung für die Wiederangliederung an China sicherlich besser.

3 Zum Zeitpunkt der japanischen Kapitulation lebten etwa 310 000 Japaner in Taiwan. Ihre Repatriierung begann im Dezember 1945. Ihr Besitz wurde konfisziert. Nur Handgepäck und 1.000 Yen durften mitgenommen werden.

4 Dies hatte auch damit zu tun, dass die Nationalisten ca. 28 000 Verwaltungsbeamte vom Festland nach Taiwan schickten, die die Taiwaner verdrängten.

5 Das *Minnanyu* und das Japanische wurden offiziell gebannt. Am ersten Jahrestag der «Rückkehr» Taiwans in die Republik China wurden alle Zeitschriften, die bis dato noch in japanischer Sprache erscheinen konnten, verboten.

6 Die genauen Zahlen der Todesopfer auf Seiten der Festländer und Taiwaner können lediglich geschätzt werden. Klar ist, dass sehr viel mehr Taiwaner ihr Leben verloren als Festländer; aber eben auch, dass viele Festländer umkamen.

7 So verlangte das Komitee in Taipei, als Sprachrohr des organisierten Widerstands der Taiwaner, u. a. Direktwahlen für Bürgermeister und Kreisvorsteher, mehr Zugang für Taiwaner in Verwaltungspositionen, die Abschaffung der verschiedenen staatlichen Handelsmonopole sowie eine größere Kontrolle über das in Taiwan stationierte Militär.

8 Ein 1992 veröffentlichter Bericht einer von der KMT-Regierung eingesetzten Untersuchungskommission bezifferte die zwischen 1947 und 1987 ums Leben gekommenen Personen auf 9.744. Andere Schätzungen gehen von rund 140 000 vom «Weißen Terror» verfolgten und in unterschiedlicher Weise bestraften Taiwanerinnen und Taiwanern aus, darunter 3000–

4000 Exekutionen. Bis heute hält die Debatte über die Opfer des «Weißen Terrors» an, vor allem im Rahmen des von der Regierung Tsai Ing-wen nach 2016 etablierten Regimes der «Übergangsgerechtigkeit» (*Transitional Justice*), mit dem diese Periode aufgearbeitet und die Opfer entschädigt werden sollen.

9 Chen Yi erhielt das Amt des Provinzgouverneurs von Zhejiang und wurde später – nach einem Versuch, sich mit vorrückenden Truppen der Kommunisten im chinesischen Bürgerkrieg zu einigen – als Verräter zurück nach Taiwan gebracht und dort im Juni 1950 exekutiert.

10 Mehr als 31 000 Flüchtlinge vom Festland erreichten wöchentlich Taiwan allein im November 1948. Die Zahlen stiegen über das gesamte Jahr 1949 kontinuierlich an.

11 Diese Bestimmungen wurden zum 1. Mai 1991 aufgehoben, hatten also auch in den ersten Jahren nach der demokratischen Transition 1987 noch Bestand.

12 Das Kriegsrecht wurde am 14. Juli 1987 vom damaligen Präsidenten Chiang Ching-kuo aufgehoben. Dieses Datum markiert den Startpunkt für den demokratischen Wandel Taiwans.

13 Diese für das Überleben des KMT-Regimes entscheidende Schlacht war der bisher letzte Versuch der Volksbefreiungsarmee, Taiwan durch eine militärische Invasion zu erobern.

14 Zwischen 1951 und 1965 überwiesen die USA ca. 1,5 Milliarden US-Dollar Wirtschafts- und Militärhilfe an Taiwan, etwa 15–20 Prozent des durchschnittlichen jährlichen Bruttosozialprodukts der Inselrepublik in dieser Periode. Es wird zudem geschätzt, dass zwischen 1949, dem Jahr des Exodus der nationalchinesischen Regierung nach Taiwan, und 1979, als die USA die diplomatischen Beziehungen zur Republik China aufkündigten, ca. neun Mrd. US-Dollar aus den USA nach Taiwan geflossen sind. Diese Finanztransfers haben den wirtschaftlichen Entwicklungsprozess Taiwans und den Aufbau eines leistungsfähigen Bildungssystems in der Nachkriegszeit maßgeblich abgestützt, zumal das KMT-Regime kaum Geld für die eigene Verteidigung aufbringen musste. Zudem wurde eine US-amerikanische Beratergruppe auf Taiwan eingerichtet, die die enge politische und militärische Zusammenarbeit zwischen den USA und der Republik China koordinierte.

15 Im ersten Schritt (1949) wurden große Ländereien enteignet und die jährlichen Pachtabgaben auf 37,5 Prozent der jährlichen Ernteerträge reduziert. Im zweiten Schritt (1951) wurden diese Ländereien dann an Landlose und Kleinbauern umverteilt, die dafür einen nur geringen Preis zahlen mussten. Mehr als 150 000 Bauernfamilien erwarben auf diese

Weise eigenes Land und durften die aufgenommenen Kredite über eine Periode von zehn Jahren zurückzahlen. Schließlich (1953) wurden die noch verbliebenen Ländereien enteignet und an neu eingerichtete Landwirtschaftsgenossenschaften übertragen, um den Bauern bei der Produktion und Vermarktung zu helfen. Die ehemaligen Großgrundbesitzer wurden ihrerseits durch einen begrenzten Bodentitel sowie durch staatliche Schuldverschreibungen und Aktien von Staatsunternehmen entschädigt (*Taiwan Cement*, *Taiwan Pulp and Paper*, *Taiwan Agriculture and Forestry*, *Taiwan Industry and Mining*).

16 Etwa zur gleichen Zeit setzt auch die neue kommunistische Regierung auf dem chinesischen Festland eine Landreform durch, die allerdings getrieben war von einem ideologischen Feldzug gegen die «Landbesitzerklasse» und einer auf die «bäuerlichen Massen» zielenden «Erziehungskampagne». Der revolutionäre Wahn, der die chinesische Landreform durchzog, kostete schätzungsweise zwischen einer und fünf Millionen Menschen das Leben.

17 Eine erste, auf die Anwerbung externen Kapitals und die Förderung hochwertiger Exportgüter zielende Wirtschaftssonderzone wurde im südtaiwanischen Kaohsiung eingerichtet (Dezember 1966). Es folgten zwei weitere im Hafen von Taichung und in Kaohsiung (Distrikt Nanzi) sowie (bis 1979) zahlreiche neue «Industriezonen» mit unterschiedlicher Produktspezialisierung entlang der taiwanischen Westküste.

18 Anders als etwa in vielen lateinamerikanischen Ländern führte die Öffnung der taiwanischen Wirtschaft für ausländisches Kapital nicht zu einem Kontrollverlust der Regierung über die produktive Ökonomie. Vielmehr blieben ausländische Investitionen scharf reguliert. Mindestens 50 Prozent der Anteile eines Unternehmens mit ausländischem Kapitalanteil mussten sich in taiwanischen Händen befinden, und Teile der Produktion auf in Taiwan hergestellte Komponenten zurückgreifen. Gleichzeitig förderte die Regierung lokale Banken und Unternehmen und stellte eine ausreichende Kreditvergabe an inländische Unternehmen sicher. Dies half, die Abhängigkeit von ausländischem Kapital zu verringern, und stärkte die Position der taiwanischen Unternehmen im Inlandsmarkt.

19 Zwischen 1960 und 1970 wuchs die taiwanische Wirtschaft im Jahresdurchschnitt um 9,7 Prozent, das Pro-Kopf-Einkommen um 6,6 Prozent.

20 So stand der für die Messung der Einkommensverteilung häufig herangezogene Gini-Koeffizient für Taiwan 1970 bei 0,321 – besser als in den USA (0,389). 2020 betrug er 0,336, hat sich also ungeachtet der enormen wirtschaftlichen Entwicklung Taiwans über die Jahre nur graduell verschlechtert! Zum Vergleich: USA: 0,481, China: 0,469, Deutschland:

0,298. Je höher der Gini-Koeffizient ausfällt, desto größer die Ungleichheit der Einkommensverteilung in einer Gesellschaft.

21 1968 wurde die Schulpflicht von sechs auf neun Jahre ausgedehnt.

22 Diese staatlichen Maßnahmen waren aufgrund einer zunehmend unzureichenden Infrastruktur und knappen Versorgung mit Energie und Rohstoffen zwingend notwendig geworden. Zehn große Projekte zur Verbesserung der Transportinfrastruktur, der Energieversorgung sowie der Kapazitäten für Stahlproduktion und Schiffbau wurden 1974 auf den Weg gebracht, weitere 14 Großprojekte folgten in den späten 1980er Jahren. 1991 legte die KMT-Regierung einen nationalen Sechsjahresplan vor, mit dem die Anstrengungen des Staates zur kontinuierlichen Entwicklung der Transport- und Technologieinfrastruktur fortgesetzt wurden. Der KMT-geführte Staat blieb seiner Rolle als Entwicklungsagentur bis in die demokratische Ära hinein treu.

23 Es handelte sich dabei um die *Vorübergehenden Bestimmungen für den Zeitraum der nationalen Mobilisierung zur Unterdrückung des kommunistischen Aufstands*, erlassen am 10. Mai 1948.

24 Bei den «Drei Volksprinzipien» handelt es sich um eine Synopsis aus Reden und Schriften des Gründervaters der Republik China von 1912, Sun Yat-sen (1866–1925), die um die zentralen Konzepte Nation(alismus), Demokratie und Volkswohlfahrt (Sozialismus) kreisen und Suns Programm für ein neues China konturieren. Sie wurden zum ideologischen Programm der 1912 von Sun gegründeten KMT, die sich bis heute auf seine Ideen beruft.

25 Sun Yat-sen war ein Revolutionär in der ausgehenden chinesischen Kaiserzeit und erster Präsident der am 1. Januar 1912 ausgerufenen Republik China. Zudem gründete er, im japanischen Exil, 1905 die Vereinigte Liga (*Tongmenghui*), aus der später die nationalistische Kuomintang (KMT) hervorging.

26 Die Hauptinsel Taiwan, mit den meisten der sie umgebenden Inseln, besitzt bis heute einen eigenen, allerdings nur noch formellen Provinzstatus. Die letzten verwaltungstechnischen Zuständigkeiten der Provinz Taiwan gingen 2018 auf die Zentralregierung über. Seitdem gibt es nur noch einen nominellen Vorsitzenden des faktisch nicht mehr bestehenden Provinzkonsultativrats, da der noch immer geltenden Verfassung von 1947 Genüge getan werden muss. Die direkt der chinesischen Küste vorgelagerten Inselgruppen Kinmen und Matsu bilden einen Teil der zur Republik China gehörenden Provinz Fujian, die seit 2018 auch nur noch nominell besteht und keinerlei administrative Kompetenzen mehr besitzt.

27 Die taiwanischen Lokalfaktionen entstanden in der japanischen Kolo-

nialzeit als informelle Solidaritätsnetzwerke innerhalb der taiwanischen Bevölkerung. Sie funktionieren auf der Grundlage eines Reziprozitätsverhältnisses zwischen einem Patron – meist ein einflussreicher Grundbesitzer oder Geschäftsmann – und einer ihm ergebenen Klientel, die ihrerseits von den Ressourcen und dem sozialen Kapital des Patrons profitiert.

28 Wichtige Institutionen der politischen Repression waren das von Chiang Ching-kuo 1967 gegründete Nationale Sicherheitsbüro, das die gesamte Gesellschaft mit einem Netz von Spitzeln und Denunzianten überzog. Schon 1952 hatte Chiang das *China Youth Anti-Communist National Salvation Corps* gegründet, dessen Mitglieder vor allem Studenten bespitzelten und die Universitäten auf ideologische Linientreue kontrollierten.

29 Beide Parteien hielten bis Anfang der 1990er Jahre Sitze in den zentralen parlamentarischen Gremien. Die CDSP wurde im April 2020 vom taiwanischen Innenministerium aus formalen Gründen aufgelöst, die CJP existiert noch.

30 Lei Chen war ein Festländer aus Hangzhou in der Provinz Zhejiang, der nach der Niederlage der Nationalisten im chinesischen Bürgerkrieg nach Taiwan floh und dort als Journalist arbeitete. Er entwickelte sich zu einem scharfen Kritiker der KMT-Herrschaft und war treibende Kraft hinter der Gründung der *Chinesischen Demokratischen Partei* im August 1960. Diese wurde im darauffolgenden November verboten. Lei Chen wurde zu einer Haftstrafe verurteilt und erst 1970 wieder entlassen. Im Mai 2019 wurde er posthum von der taiwanischen Regierung rehabilitiert.

31 Peng Ming-min hatte in Japan studiert und in Paris promoviert. 1957 wurde er der bis dato jüngste Professor an der Nationalen Taiwan-Universität. Peng wurde 1964 zu einer langjährigen Haftstrafe verurteilt. 14 Monate später wurde diese in lebenslangen Hausarrest umgewandelt. 1970 gelang es ihm, mit Hilfe der schwedischen Sektion von Amnesty International über Hongkong nach Schweden zu fliehen, wo er politisches Asyl erhielt. Noch im selben Jahr siedelte er in die USA über und kehrte erst 1992 wieder nach Taiwan zurück.

32 Am «Doppelzehnten» (10. Oktober) des Jahres 1967 verkündete Chiang Kai-shek, dass die Anstrengungen des *guangfu*, der glorreichen Wiedereroberung des chinesischen Festlandes, zukünftig zu 70 Prozent politisch und zu 30 Prozent militärischer Art sein sollten. Damit konzedierte er, dass eine von Taiwan ausgehende Militärinvasion keine Option mehr war.

33 Mit der Verabschiedung der Resolution 2758 der Generalversammlung vom 25. Oktober 1971 wurde der Volksrepublik China die einzig legitime Vertretung Gesamtchinas zugesprochen und die Republik China aus den

Vereinten Nationen ausgeschlossen. 76 Länder, vor allem aus Afrika und Asien, aber auch aus Europa, stimmten für die Resolution, 35 dagegen und 17 enthielten sich. Die USA votierten dagegen, nachdem ihr Versuch gescheitert war, sowohl der Volksrepublik China als auch der Republik China einen Sitz in den Vereinten Nationen einzuräumen.

34 Zunächst richteten beide Länder sogenannte Verbindungsbüros in der jeweils anderen Hauptstadt ein (September 1973). Die offizielle Aufnahme diplomatischer Beziehungen erfolgte erst zum 1. Januar 1979.

35 Diesem Gesetz zufolge betrachten die USA «jegliche Maßnahme, die Zukunft Taiwans anders als durch friedliche Methoden zu bestimmen, einschließlich Boykotten und Embargos, als Bedrohung für den westpazifischen Raum und als sehr besorgniserregend für die Vereinigten Staaten». Ferner verpflichten sich die USA darin, «Taiwan mit Waffen defensiven Charakters zu versorgen» und «die Fähigkeit der USA aufrechtzuerhalten, jedem Rückgriff auf Gewalt oder andere Arten von Nötigung zu widerstehen, der die Sicherheit oder das soziale oder wirtschaftliche System der Einwohner von Taiwan gefährden würde». Insofern besteht für die USA – im Gegensatz zum aufgekündigten Verteidigungspakt von 1954 – keine Verpflichtung, Taiwan im Fall einer militärischen Konfrontation mit einem Drittstaat militärisch beizustehen.

36 Chiang Ching-kuo hatte, zwischen 1925 und 1937, zwölf Jahre in der UdSSR verbracht und dort an der «Kommunistischen Universität der Werktätigen des Ostens», eine sowjetische Kaderschmiede, studiert – u. a. mit Deng Xiaoping. Während des sino-japanischen Krieges war er für die KMT in Schanghai tätig und arbeitete nach der Flucht der Nationalisten nach Taiwan in leitender Stellung in der Geheimpolizei und im Militärapparat, bevor er an die Spitze von Partei und Staat aufstieg.

37 1972 wurde mit Hsieh Tung-min erstmals ein Taiwaner Gouverneur der Provinz Taiwan. 1981 stellten die *benturen* bereits ein Drittel der Mitglieder des Ständigen Ausschusses des KMT-Zentralkomitees. 1985 waren alle Abgeordneten der Lokalparlamente auf Landkreis- und Stadtebene Taiwanerinnen und Taiwaner, ebenso 75 Prozent aller Abgeordneten der Provinzversammlung.

38 Erste sogenannte «Ergänzungswahlen» für diese Organe hatte es bereits 1969 gegeben, um die durch Alter und Tod der «ewigen Abgeordneten» vom Festland vakant gewordenen Sitze zu füllen. Die dabei gewählten taiwanischen Abgeordneten mussten sich allerdings, wie ihre festlandchinesischen Kollegen, keiner erneuten Wahl mehr stellen. Dies änderte sich erst mit den Zusatzwahlen von 1972.

39 Die Lokalwahlen 1977 wurden wegen gewaltsamer Auseinandersetzun-

gen in der nordtaiwanischen Stadt Chungli zum Meilenstein für die *Tangwai*, als nach vermuteten Wahlmanipulationen politische Aktivisten eine Polizeistation in Brand setzten. Zwei Demonstranten wurden von Polizeikräften erschossen. Die Wahl zum Kreisvorsteher wurde wiederholt und von einem ehemaligen KMT-Mitglied und nunmehr unabhängigen Kandidaten, Hsu Hsin-liang, gewonnen.

40 Die Aufnahme diplomatischer Beziehungen zwischen den USA und China, von der die KMT-Regierung nur wenige Stunden vorher durch Washington informiert worden war, wurde in Taiwan als Schock erlebt. Die politische Führung sorgte sich um die innenpolitische Stabilität und wollte keine kontroverse Wahlauseinandersetzung. Damit verschärfte sie den Konflikt mit der Opposition jedoch nur.

41 Allerdings wurden alle Verurteilten bis 1987 entlassen. Allein Shih Mingteh, der als politischer Gefangener schon vorher 15 Jahre im Gefängnis verbracht hatte, blieb bis 1990 inhaftiert. Er wurde Mitte der 1990er für zwei Jahre Vorsitzender der DFP.

42 Die dritte Tochter von Lin Yi-hsiung überlebte das Attentat schwer verletzt. Über die Verantwortlichen dieses grausamen Verbrechens gibt es nur Mutmaßungen. Die *Tangwai* machte dafür KMT-nahe Kreise, wahrscheinlich aus den Reihen der Geheimdienste, verantwortlich.

43 Die *Kaohsiung-Prozesse* von 1980, in denen über die *Tangwai*-Führung geurteilt wurde, waren (vornehmlich auf Druck von Washington) öffentlich abgehalten und sowohl in Taiwan als auch in den USA aufmerksam verfolgt worden. Sie führten zu einer nationalen und internationalen Solidarisierung mit der *Tangwai* und stellten das KMT-Regime an den Pranger.

44 Ein interessanter Aspekt der Parteigründung ist, dass die DFP in ihrem Parteiaufbau den leninistischen Strukturen der KMT und der KP China folgte: Ein *Zentrales Exekutivkomitee* mit seinem *Ständigen Ausschuss* bildet bis heute das politische Entscheidungszentrum der Partei.

45 Allerdings sorgte die Verabschiedung eines neuen Nationalen Sicherheitsgesetzes dafür, dass z. B. das Streben nach einer Unabhängigkeit Taiwans weiterhin verboten blieb und unter schwerer Strafe stand. Zudem wurden die Inseln Kinmen und Matsu zunächst von der Aufhebung des Kriegsrechts ausgenommen, da sie die vordere Verteidigungslinie gegen einen möglichen Angriff vom chinesischen Festland bildeten. Dort wurde das Kriegsrecht am 7. November 1992 ausgesetzt.

## *5. Demokratisierung und außenpolitische Neuorientierung in der Ära Lee Teng-hui (1988–2000)*

1 In der Forschung gibt es eine bis heute anhaltende Debatte über die Frage, ob Chiang Ching-kuo die Demokratisierung Taiwans einleitete oder erst Lee Teng-hui. Vor allem der renommierte, 2019 verstorbene australische Taiwanforscher J. Bruce Jacobs bestritt in seinem Werk vehement die These, dass die Reformpolitik Chiangs auf eine Demokratisierung des politischen Systems abzielte oder diese bewirkte. Allenfalls eine Liberalisierung konzedierte er CCK, während Lee Teng-hui zu Recht als «Vater der taiwanischen Demokratie» bezeichnet würde. Abgesehen von der Frage typologischer Konsistenz steht hinter dieser Auseinandersetzung vor allem ein, auch unter «westlichen» Wissenschaftlern ausgetragener, ideologischer Streit um den Anteil, der der KMT für den taiwanischen Demokratisierungsprozess gutgeschrieben werden sollte. Für Jacobs und viele andere war CCK vor allem ein Autokrat, der sich in der autoritären Ära zahlreicher Menschenrechtsverletzungen schuldig gemacht hatte. Sie wehrten sich gegen eine «moralische Entschuldung» des repressiven KMT-Regimes durch die demokratische Transition und sahen diese allein als Verdienst entschlossenen und mutigen oppositionellen Handelns. Außer Frage steht allerdings, dass der erfolgreiche Verlauf dieses Prozesses durch einen friedlichen Verhandlungsprozess zwischen der KMT und der Opposition erreicht wurde und dass Lee Teng-hui dabei eine zentrale Rolle spielte.

2 Lee initiierte zuvor Gesprächsrunden zwischen der Regierung und der Opposition, die im Rahmen einer vom 28. Juni bis zum 4. Juli 1990 abgehaltenen Konferenz für Nationale Angelegenheiten (*National Affairs Conference*) stattfanden und in denen ein Fahrplan für die weitere Öffnung des politischen Systems ausgehandelt wurde. Dieser Dialog war entscheidend dafür verantwortlich, dass der taiwanische Demokratisierungs- und Konsolidierungsprozess in den 1990er Jahren weitgehend friedlich verlief.

3 Somit wurde die in Taiwan bis heute geltende Verfassung der Republik China von 1947, ähnlich der US-Verfassung, durch Zusatzbestimmungen (*Ammendments*) modifiziert, nicht aber im Haupttext revidiert oder durch eine andere Verfassung ersetzt. Dem Originaltext hängen insgesamt zwölf Zusatzartikel an.

4 Diese müssen jedoch vom Legislativyuan bestätigt werden. Durch die Blockadehaltung der KMT in der Regierungszeit von Chen Shui-bian in den Jahren 2000–2008 (siehe Kapitel 6) sorgte dieses Verfassungsarran-

gement für eine Paralyse der Arbeit von Justiz- und Kontrollyuan, da die KMT-Mehrheit im Parlament eine Bestätigung der Personalvorschläge Chens für die beiden Regierungsorgane verweigerte.

5 Vom Exekutivyuan unterscheidet man noch den *Rat des Exekutivyuan*, das eigentliche Kabinett. Ihm gehören neben dem Premierminister und seinem Stellvertreter die Fachminister und Minister ohne Portfolio sowie die Vorsitzenden der *Mongolian and Tibetan Affairs Commission* einerseits und der *Overseas Chinese Affairs Commission* andererseits an. Weitere Vertreter von Regierungskommissionen wirken auf Einladung an der Gesetzgebung mit.

6 So kann der Staatspräsident in Südkorea eigene Gesetzesvorlagen ins Parlament einbringen. In Frankreich geht dies zwar nicht, doch sieht die französische Verfassung das Recht eines suspensiven Vetos des Staatspräsidenten gegen Gesetze vor, das jedoch vom Parlament durch eine weitere Abstimmung aufgehoben werden kann. Ein solches Vetorecht gibt es auch in Südkorea, nicht aber in Taiwan. Hier kann der Staatspräsident zudem keine eigenen Gesetzesvorlagen ins Parlament einbringen.

7 Die Zahl von 113 ergab sich durch eine ungefähre Halbierung der 225 Mandate, die zuvor zur Wahl standen. Dem war eine lange, kontrovers geführte innenpolitische Debatte über eine angemessene Größe des Parlaments vorausgegangen, in der vor allem die DFP auf eine Reduzierung der Sitze drängte. Interessant ist, dass die Zahl der Abgeordneten Taiwans bei Gründung des Legislativyuans im Jahr 1948 auf dem chinesischen Festland 114 betrug. Der Sitz für den Vertreter der Kommission für Mongolische und Tibetische Angelegenheiten wurde 1991 abgeschafft, weil sich die Regierung Lee Teng-hui damals dazu bekannte, dass die Republik China weder die Mongolei noch Tibet kontrollierte, sondern nur – jedenfalls dem Anspruch nach – das chinesische Festland und Taiwan. So ergab sich eine Gesamtzahl von 113. Dieser historische Bezug spielte in der politischen Debatte um die Verfassungsreformen von 2005 jedoch keine Rolle.

8 Es handelt sich um jeweils drei Mandate für sogenannte *plains aborigines*, also die Mitglieder der anerkannten Ureinwohnervölker der westlichen Ebenen; und drei weitere Mandate für die anerkannten Bergvölker. Die Abgeordneten werden in zwei nationalen Wahlkreisen bestimmt und mit einfacher Mehrheit gewählt. Diese Aufteilung ist problematisch, da die Ureinwohner nicht auf der Grundlage einer nationalen «Ureinwohneridentität» wählen, sondern sich an ihrer lokalen Stammesidentität orientieren. Abgesehen davon gibt es für sie nicht die Option, ihre Stimme einem anderen Abgeordneten zu geben als einem Vertreter oder einer

Vertreterin der Ureinwohner. Dieses System schränkt das Wahlrecht der Ureinwohner faktisch ein bzw. zwingt sie zu einer «ethnischen Wahl».

9 Der Präsident und Vizepräsident des Justizyuan werden allerdings nur für vier Jahre gewählt und können, wie auch die anderen Obersten Richter, maximal acht Jahre im Amt bleiben.

10 Die Gliederung auf drei Ebenen bildet sich auch in einem eigenen Gerichtssystem für das Militär ab, an dessen Spitze das höchste Militärgericht – der *Supreme Military Court* – steht.

11 New Taipei City, Taoyuan City, Taichung City, Tainan City, Kaohsiung City und die Hauptstadt Taipei.

12 Changhua, Chiayi, Hsinchu, Hualien, Kinmen, Lienchiang, Miaoli, Nantou, Penghu, Pingtung, Taitung, Yilan und Yunlin.

13 Chiayi City, Keelung City und Hsinchu City.

14 Nach der Auflösung der Provinzbehörden wurden alle Akten an die Taiwan Historica, ein nationales Archiv zur Aufbewahrung von Regierungsdokumenten der früheren taiwanischen Provinzverwaltung im zentraltaiwanischen Nantou, übergeben.

15 Das gilt auch für die Provinz Fujian der Republik China, die ebenfalls 2018 aufgelöst wurde, nominell jedoch weiterbesteht. Sie umfasst(e) die drei kleinen Inselarchipele Matsu, Wuqiu und Kinmen. Die Matsu-Inseln bilden heute den Kreis Lienchiang, während die Wuqiu- und Kinmen-Inseln gemeinsam den Kreis Kinmen bilden.

16 Heute gibt es 80 beim Innenministerium offiziell registrierte politische Parteien in Taiwan. Die Zahl ändert sich aber ständig.

17 Die Neue Partei erzielte ihr bestes Ergebnis in den Parlamentswahlen von 1995, als sie 12,8 Prozent der Stimmen und 21 Sitze erringen konnte. Seit 2012 ist sie nicht mehr im Legislativyuan vertreten.

18 Die TSU konnte bei nationalen Wahlen zunächst einige Mandate gewinnen, ist seit 2016 aber nicht mehr im Parlament vertreten.

19 Aufsehenerregende Parteineugründungen waren die, als Folge der studentischen «Sonnenblumenbewegung» von 2014, Anfang 2015 gegründete *New Power Party* und die Mitte 2016 gebildete *Taiwan Statebuilding Party*, die beide dem «grünen Lager» zugerechnet werden; sowie die im August 2019 vom damaligen Bürgermeister von Taipei, Ko Wen-je, ins Leben gerufene *Taiwan People's Party* (TPP), die sich programmatisch nicht einem der beiden etablierten Lager zurechnen lassen will, sondern sich als eine Alternative zu KMT und DFP versteht. Alle drei konnten bisher nur wenige Sitze im Legislativyuan erringen, und allein der TPP rechnet man gewisse Chancen aus, sich längerfristig im taiwanischen Parteienspektrum zu etablieren.

20 Diese Bezeichnung konnte von Land zu Land variieren. Im Laufe der Zeit wurde das internationale System der Botschaften und Konsulate kopiert, in dem in den Hauptstädten der größeren Partnerländer eine *Taipei-Vertretung* oder ein *Taipei-Repräsentationsbüro* installiert wurde und in anderen Städten nachgeordnete Büros dieser Repräsentanzen.

21 Taiwan ist ein wichtiges Glied in der «Ersten Inselkette», die sich von den Philippinen über Taiwan nach Japan erstreckt, die chinesische Küste in einem Bogen umfasst und diese vom Westpazifik abschirmt. Die Kontrolle über die «Erste Inselkette» ist für die USA und ihre Verbündeten strategisch wichtig im Fall einer militärischen Auseinandersetzung mit der Volksbefreiungsarmee bzw. einer vom asiatischen Kontinent ausgehenden militärischen Gefahr. Sie gilt als vorderste Verteidigungslinie, ohne die es der Volksbefreiungsarmee gelingen würde, ohne größere Widerstände in den offenen Ozean vorzudringen und von dort, etwa mit U-Booten, innerhalb kurzer Zeit die US-amerikanische Westküste zu bedrohen.

22 Hau Pei-tsun war in der Zeit von 1990–1993 Regierungschef und spielte ebenfalls eine wichtige Rolle in einer für den taiwanischen Demokratisierungsprozess kritischen Phase. Lee Teng-hui hatte ihn damals nominiert, um die festlandchinesische Parteielite zu befrieden, nachdem er sich als Staats- und Parteichef durchgesetzt hatte. Hau, ein konservativer, aber integrer ehemaliger General, konzentrierte sich vor allem auf die Wirtschaftspolitik und die Beziehungen Taiwans zu den USA. Er war Lee gegenüber loyal, trat aber letztlich wegen politischer Differenzen mit ihm zurück.

23 Peng Ming-min, der mit dem einflussreichen DFP-Politiker Frank Hsieh als Kandidat für das Vize-Präsidentenamt antrat, kam nur auf für die Opposition sehr enttäuschende 21,3 Prozent, während das Gespann Lin/Hau mit 14,9 Prozent der Stimmen immerhin einen Achtungserfolg erzielen konnte. Wahlanalysten behaupteten, dass Lee Teng-hui durch den militärischen Druck Pekings mindestens fünf Prozentpunkte hinzugewonnen habe.

24 In den Parlamentswahlen von 2001 gelang es der PFP auf Anhieb, drittstärkste Kraft zu werden. Diese Position konnte sie, wenn auch mit Abstrichen, bei den Wahlen 2004 halten, bevor eine Änderung des Wahlrechts im Jahr 2005 mit der Einführung eines kombinierten Systems aus Direktwahlkreisen und Parteilisten die PFP allmählich zu einer bedeutungslosen Kleinpartei absteigen ließ. Bei den Parlamentswahlen 2016 konnte sie noch drei Sitze erringen, vier Jahre später ging sie, mit einem Stimmenanteil von 3,66 Prozent, leer aus.

### *6. Der erste Machtwechsel: Die Ära Chen Shui-bian (2000–2008)*

1 Es gab unterschiedliche Gründe für die Bereitschaft dieser Personen, mit der neuen Regierung zusammenzuarbeiten: die Notwendigkeit, innen- und außenpolitische Stabilität zu wahren; die Hoffnung, wichtige politische Ziele der KMT durchzusetzen; und letztlich auch persönliche Karrieremotive.

2 Die chinesische Regierung hatte erfolgreich darauf bestanden, dass sie vor Taiwan Mitglied in der WTO würde. Der Beitritt der VR China erfolgte am 11. Dezember 2001. Taiwan wurde unter der Bezeichnung *Separate Customs Territory of Taiwan, Kinmen, Penghu and Matsu* aufgenommen.

3 Besonders eindrücklich war die von der DFP am 28. Februar 2004 organisierte Menschenkette quer durch Taiwan, die an den 57. Jahrestag des «Zwischenfalls vom 28. Februar» 1947 erinnern sollte. Mit dieser Aktion, die nur wenige Wochen vor den Präsidentschaftswahlen am 20. März 2004 stattfand, kippte die Stimmung in Richtung DFP und des Amtsinhabers.

4 Die Umstände des Attentats gelten vor allem für die Anhänger der KMT bis heute als ungeklärt. Eine offizielle Untersuchung identifizierte zwei Verdächtige, die kurz nach dem Anschlag am 19. März tot aufgefunden worden waren, also nicht mehr befragt werden konnten. Eine eventuelle Beteiligung von Chen Shui-bian an diesem Attentat konnte nicht ermittelt werden.

5 Die Opposition gab sich damit nicht zufrieden und klagte weiter vor Gericht auf die Ungültigkeit des Ergebnisses wegen Betrugs und auf die Abhaltung von Neuwahlen. Diese Klagen wurden im November und Dezember 2004 vom *Taipei High Court* abgewiesen, denn das «blaue Lager» konnte keine haltbaren Beweise für Wahlbetrug vorlegen. Auch die anschließenden Revisionsverfahren verliefen im Sand. Bis heute sind viele KMT-Anhänger davon überzeugt, dass das Attentat von der DFP inszeniert worden sei.

6 In den Jahren 2003–2005 durften nur chinesische Geschäftsleute, die in China tätig waren, und deren Familien anlässlich des chinesischen Neujahrsfestes spezielle Chartermaschinen buchen. Ab 2006 wurde dieser zeitlich begrenzte Charterverkehr dann auch für den Tourismus geöffnet.

7 Nach dem Ende seiner zweiten Amtszeit wurde Chen Shui-bian strafrechtlich verfolgt. Ihm wurden Veruntreuung von öffentlichen Mitteln, Bestechlichkeit und Geldwäsche vorgeworfen. 2009 wurde er zu lebens-

langer Haft verurteilt, doch die Berufungsinstanz reduzierte dies ein Jahr später auf eine Gefängnisstrafe von 20 Jahren. Im Januar 2015 wurde Chen aus medizinischen Gründen unter Auflagen aus der Haft entlassen, ohne dass ihm diese jedoch erlassen worden wäre. Eine politische Arbeit ist ihm untersagt. Zusammen mit ihm wurden auch seine Frau Wu Shu-chen, sein Schwiegersohn und mehrere Berater verurteilt. Chen selbst betonte stets seine Unschuld und sah sich als Opfer einer politischen Kampagne.

### *7. Rückkehr der KMT an die Macht: Die Ära Ma Ying-jeou (2008–2016)*

1 Ma hatte eine steile Karriere in der KMT gemacht. Mit nur 38 Jahren wurde er erstmals Minister (der Kommission für Forschung, Entwicklung und Evaluierung), 1993 dann Justizminister. In diesem Amt erwarb er sich den Ruf eines konfliktfähigen Saubermannes, der hart gegen Korruption vorging und sich deshalb innerhalb der KMT nicht nur Freunde machte. 1996 musste er auf innerparteilichen Druck das Amt aufgeben, kandidierte zwei Jahre später aber erfolgreich für den Posten des Bürgermeisters von Taipei, als er den damaligen Amtsinhaber Chen Shui-bian schlug. Nach zwei Amtsperioden bereitete er sich ab 2006 auf seine Kandidatur zum Staatspräsidenten vor.

2 Die KMT gewann mit 51,23 Prozent der Stimmen 81 von 113 Sitzen, während die DFP, bei 36,91 Prozent der Stimmen, lediglich 27 Sitze errang.

3 Eine besondere Rolle spielte dabei das *Cross-Strait Economic, Trade and Cultural Forum*, das auf Initiative der KPCh 2005 als gemeinsam mit der KMT ausgerichtete Veranstaltung eingerichtet wurde und zwischen 2006 und 2016 fast jährlich in China tagte. Ziel des Forums war, die Zusammenarbeit zwischen den beiden Parteien zu intensivieren und, vor allem in der Zeit vor 2008, eine Neuaufnahme des politischen Dialogs nach einer Rückkehr der KMT an die Macht vorzubereiten. Nach dem Wahlsieg der DFP 2016 gab es nur noch eine Veranstaltung im November unter der Bezeichnung *Cross-Strait Peaceful Development Forum*. Danach wurde dieses Format nicht weiter bedient. Es entstanden jedoch andere Foren, die von der KMT initiiert wurden und einen Dialog mit China auf den unterschiedlichsten Feldern betreiben. Sie werden von der DFP als Instrumente der chinesischen Einheitsfront-Politik kritisiert, der sich die KMT unterwerfe.

4 Die erste Gesprächsrunde zwischen SEF und ARATS seit der Ära Lee Teng-hui begann am 12. Juni 2008. Schon am 13. Juni unterzeichnete man

zwei Vereinbarungen: Mit dem ersten Abkommen wurden wöchentliche Direktflüge zwischen Taiwan und China (Peking, Schanghai, Guangzhou, Xiamen, Nanjing) von Freitag bis Montag eingerichtet (Beginn: 4. Juli); mit dem zweiten Abkommen wurde die Einreise von täglich bis zu 3000 chinesischen Touristen nach Taiwan ermöglicht. Mit Wirkung vom 15. Dezember 2008 wurden schließlich direkte Flug-, Schifffahrts- und Kommunikationsverbindungen zwischen den beiden Seiten der Taiwanstraße vollumfänglich hergestellt. Die bereits existierenden Charterflüge wurden durch regelmäßige Linienflüge zwischen Taipei und verschiedenen, an Zahl rasch zunehmenden, festlandchinesischen Städten ersetzt.

5 Die Kandidatin der DFP, Tsai Ing-wen, kam in den Präsidentschaftswahlen von 2012 nur auf 45,63 Prozent – ein enttäuschendes Ergebnis angesichts des zuvor von der Opposition verbreiteten Optimismus. Zudem gelang es der KMT, ihre absolute Mehrheit im Parlament zu verteidigen. Tsai trat daraufhin vom Parteivorsitz der DFP zurück.

6 2021 machten Taiwans Exporte nach China (inklusive Hongkong) 40,11 Prozent des Gesamtexportvolumens der Inselrepublik aus, 2022 waren es 38,8 Prozent. Taiwans Neuinvestitionen auf dem Festland erreichten 2021 mit einem Volumen von 5,87 Milliarden US-Dollar eine Höhe von 31,8 Prozent des Gesamtvolumens der taiwanischen Direktinvestitionen im Ausland.

7 Diese Auffassung wird von manchen Beobachtern der Politik und Person Ma Ying-jeou nicht geteilt. Sie glauben, dass er, als Festländer der zweiten Generation, durchaus an eine Wiedervereinigung zu seinen Lebzeiten geglaubt habe und immer noch glaube. Diese Spekulation lässt sich aber mit keiner offiziellen Stellungnahme des früheren Präsidenten belegen. Dagegen gibt es viele Äußerungen, die immer wieder auf den «Konsensus von 1992» als die Basis der sino-taiwanischen Beziehungen verweisen und die «Wiedervereinigung» lediglich als Fernziel benennen, das nur am Ende eines langen Prozesses der gegenseitigen Vertrauensbildung verwirklicht werden könne. Faktisch gelang es Peking nie, ihn in politische Gespräche mit dem Ziel der Wegbereitung einer «Wiedervereinigung» zu zwingen.

8 Allerdings revidierte Ma seine Entscheidung im April 2014, nach massiven Protesten von Atomkraftgegnern im Gefolge der Nuklearkatastrophe im japanischen Fukushima, und stoppte den Bau. Zu diesem Zeitpunkt waren fast 90 Prozent der Anlage fertiggestellt. Nach ihrer Regierungsübernahme 2016 verkündete die neue DFP-Regierung das Ziel eines möglichst schnellen Ausstiegs aus der Kernenergie. Eine Fertigstellung des vierten Atommeilers verwarf sie im Dezember 2021 nach einem zuvor abgehaltenen (nicht bindenden) Referendum endgültig.

9 Während der Proteste trugen viele Demonstranten Sonnenblumen als Symbol für ihre Forderungen nach einer demokratischeren Regierung und einer transparenten Entscheidungsfindung in chinapolitischen Fragen. Dies wurde angeregt durch die Aktion eines Floristen, der zu Beginn der Proteste 1000 Sonnenblumen an die außerhalb des Legislativyuan verharrenden Studenten austeilte. Die Sonnenblume erinnerte zudem an die «Wilde-Lilien-Bewegung» vom März 1990, eine sechstägige Demonstration von Studenten vor der Chiang Kai-shek-Gedächtnishalle für eine Abschaffung der Nationalversammlung und politische Reformen.

10 Ein solches Gesetz konnte wegen grundlegender Meinungsverschiedenheiten im Hinblick auf seine Reichweite und konkreten Inhalte zwischen der KMT und der DFP, vor allem aber innerhalb der DFP bzw. zwischen ihr und den der Partei nahestehenden zivilgesellschaftlichen Organisationen bisher nicht verabschiedet werden.

11 Hung Hsiu-chu, eine altgediente festlandchinesische KMT-Politikerin, die das Rennen um die Präsidentschaftskandidatur zunächst gewonnen hatte, musste diese am Ende aufgeben und wurde, wenige Monate vor den Wahlen, durch Chu Li-lun (Eric Chu) ersetzt. Am Streit um Hung zeigte sich die anhaltende Spaltung der KMT nicht nur in der Frage der «richtigen» chinapolitischen Strategie, sondern auch der nationalen Identität Taiwans. Diese Spaltung belastet die Partei bis heute, ungeachtet der Tatsache, dass die meisten Mitglieder und Anhänger der KMT einheimische Taiwanerinnen und Taiwaner sind. In diesem Konflikt spielt die Gruppe der Festländer und ihrer Nachkommen noch immer eine wichtige Rolle, denn diesen gelingt es aufgrund ihrer politischen Geschlossenheit, vor allem die dem Militär nahestehenden Kräfte innerhalb und außerhalb der Partei bei Wahlen auf effiziente Weise zu mobilisieren.

### *8. Erneuter Machtwechsel: Die Ära Tsai Ing-wen (2016–2024)*

1 Tsai gewann 56,1 Prozent der Stimmen, KMT-Kandidat Chu Li-lun nur 31 Prozent. 12,8 Prozent entfielen auf Soong Chu-yu, der noch einmal für die People's First Party ins Rennen gegangen war. Im Legislativyuan erreichte die DFP 44,1 Prozent der Stimmen und insgesamt 68 (von 113) Sitzen. Die KMT ging abgeschlagen mit 26,9 Prozent der Stimmen und 35 Sitzen ins Ziel.

2 *Transitional Justice* ist nicht leicht ins Deutsche zu übersetzen. Oft wird der Begriff mit «Übergangsgerechtigkeit» oder «Transitorische Gerechtigkeit» wiedergegeben, was jedoch nicht selbsterklärend ist. Gemeint ist damit ein Rahmen rechtlicher und politischer Maßnahmen, die eine Ge-

sellschaft ergreift, um mit schweren Verbrechen umzugehen, die während eines bestimmten Konflikts oder in einer Diktatur begangen wurden. Ziel ist es normalerweise, die Übergangsperiode von einem autoritären Regime hin zu einer Demokratie durch die Aufarbeitung schwerer Menschenrechtsverletzungen besser zu bewältigen, Recht und Gerechtigkeit herzustellen und die neue demokratische Ordnung damit zu stabilisieren. Dies kann durch Maßnahmen wie Gerichtsverfahren, Wahrheitskommissionen, Entschädigungsprogramme, politische Reformen und öffentliche Aufklärung geschehen.

3 Dazu gehörte auch die Entfernung zahlreicher Chiang Kai-shek-Statuen, die über die gesamte Insel verteilt waren. So gab es nach regierungsamtlichen Zahlen zum Zeitpunkt der Einrichtung der TJC 966 solcher Statuen sowie 580 öffentliche Plätze, die nach Chiang Kai-shek benannt waren. Als die TJC 2022 ihre Arbeit offiziell beendete, waren 80 Prozent dieser Symbole aus dem öffentlichen Leben verschwunden.

4 Schon im Januar 2023 hatte das taiwanische Parlament ermöglicht, dass Taiwanerinnen und Taiwaner auch eine gleichgeschlechtliche Person aus Staaten heiraten dürfen, die die gleichgeschlechtliche Ehe noch nicht zugelassen haben – es sei denn, sie kommen aus der VR China. Einschränkungen gibt es für gleichgeschlechtliche Paare noch beim Zugang zu modernen Reproduktionstechnologien.

5 Bei der entscheidenden Abstimmung im Legislativyuan am 17. Mai 2019 votierten sieben anwesende KMT-Parlamentarier für das Gesetz, während 23 dagegen stimmten. Bei der DFP stimmten 54 dafür und ein Abgeordneter dagegen. Die fünf Abgeordneten der New Power Party stimmten dafür, während die drei anwesenden PFP-Vertreter dagegen votierten. Insofern wurde diese Frage im Wesentlichen entlang der Grenzen zwischen den etablierten Parteilagern entschieden. Dies verweist darauf, dass diese Grenze auch eine Aussage über die gesellschaftlichen Wertorientierungen der entsprechenden Unterstützergruppen des «blauen» und «grünen» Lagers zulässt.

6 Konkret geht es um eine Vielzahl von Projekten in vier Bereichen: 1) Wirtschaftliche Kooperation, vor allem im Hinblick auf die Stärkung von Wertschöpfungsketten, die Taiwan und die Partnerländer der «Neuen Südpolitik» verbinden, sowie die Förderung des Exports taiwanischer Markenprodukte und die Finanzierung gemeinsamer Infrastrukturprojekte; 2) Zivilgesellschaftliche Kontakte, vor allem durch die Bereitstellung von Stipendien für ein Studium an taiwanischen Universitäten, Programme für Praktika und kurzfristige Arbeitsmöglichkeiten in taiwanischen Unternehmen sowie Unterstützung für Arbeitsimmigrantinnen

und -immigranten aus den Partnerländern bei der Arbeitssuche in Taiwan; 3) Bilaterale und multilaterale Kooperation in den Bereichen Gesundheit, Kultur, Tourismus, Technologie und Landwirtschaft; und 4) Netzwerkbildung, vor allem mit dem Ziel, taiwanischen Unternehmen einen besseren Zugang zu den Volkswirtschaften in den Partnerländern zu ermöglichen und sie dort zu Investitionen zu veranlassen.

7 Taiwans Reallöhne stagnieren seit rund 20 Jahren, letztlich eine Folge des Abwanderns von taiwanischem Kapital nach China und der damit verbundenen Innovationseinbußen der inländischen Ökonomie.

8 Tsai Ing-wen erklärte anlässlich ihrer Inaugurationsrede im Mai 2016 lediglich: «Im Jahr 1992 erreichten die beiden Institutionen, die jeweils eine Seite der Straße repräsentieren, durch Kommunikation und Verhandlungen die Anerkennung verschiedener Gemeinsamkeiten. Dies geschah in einem Geist gegenseitigen Verständnisses und einer politischen Haltung, die darauf abzielte, diese Gemeinsamkeiten zu suchen, während Unterschiede beiseitegelassen wurden. Ich respektiere diese historische Tatsache.» Tsais Äußerungen fanden bald als «Geist von 1992» Eingang in das politische Vokabular der DFP, mit dem ihre Bereitschaft zu Gesprächen mit Peking gezeigt werden sollte. Die Existenz eines «Konsensus von 1992» jedoch lehnt man bis heute konsequent ab.

9 Tsai Ing-wen fuhr mit 57,1 Prozent ein noch besseres Ergebnis ein als vier Jahre zuvor. Der Amtsbewerber Han Kuo-yu von der oppositionellen KMT, der in den Monaten zuvor einen überaus erfolgreichen populistischen Wahlkampf geführt hatte und sich, abgestützt durch zahlreiche Umfragen, lange Zeit auf der Siegerstraße wähnen konnte, ging am Ende unter und erreichte lediglich 38,6 Prozent der Stimmen. In den zeitgleichen Parlamentswahlen büßte die DFP zwar Stimmenanteile und Sitze ein, konnte ihre absolute Mehrheit jedoch behaupten.

10 Die Protestbewegung entstand im Frühjahr 2019 durch den zivilgesellschaftlichen Widerstand gegen einen von der Hongkonger Regierung angestrengten Gesetzentwurf zur Auslieferung von Straftätern in andere Länder, wodurch es aus Sicht der Gegner dieses Gesetzes möglich geworden wäre, unliebsame Personen oder Regimekritiker nach China abzuschieben. Im Laufe der Zeit radikalisierte sich die Bewegung zusehends und lieferte sich zahlreiche, teilweise brutale Straßenschlachten mit den Hongkonger Sicherheitskräften. Auch als der Gesetzentwurf im Oktober 2019 von der Hongkonger Regierung endgültig zurückgezogen wurde, setzten radikalisierte Teile der Bewegung ihre Proteste fort, forderten freie Wahlen und eine Zurückdrängung des chinesischen Einflusses über Hongkong. Auf internationaler Ebene wurden die Proteste von ihren

Sympathisanten als Widerstandsbewegung gegen die chinesische Oberhoheit bezeichnet, in der Hongkong, wie es der junge Aktivist Joshua Wong bei einem Deutschlandbesuch im September 2019 formulierte, das «Berlin in einem neuen kalten Krieg» sei und von der freien Welt gegen China verteidigt werden müsse.

11 Zudem wurde der Import von taiwanischen Früchten und Fisch nach China ausgesetzt, verschiedene Gesprächsformate mit den USA eingestellt und auch Pelosi und ihre Familie selbst mit Sanktionen belegt.

12 Diese Bedrohung verschärft sich faktisch bereits seit Jahrzehnten, v. a. durch ein stetig wachsendes Arsenal an chinesischen Kurz- und Mittelstreckenraketen sowie Anti-Schiffsraketen, das nicht nur Taiwan selbst, sondern auch dessen Schutzmacht USA bedroht. Abgesehen davon steht die systematische Aufrüstung der chinesischen Marine- und Luftstreitkräfte in unmittelbarem Zusammenhang mit dem Bestreben, die militärischen und politischen Kosten für eine US-amerikanische Intervention in einem möglichen gewaltsamen Konflikt zwischen China und Taiwan in die Höhe zu treiben.

## *9. Taiwanische Identität und Nationsbildung*

1 Die Debatte begann allerdings schon in den 1970er Jahren in literarischen Zirkeln mit der (Wieder-)Entdeckung einer authentischen taiwanischen Literatur, die bereits in der japanischen Kolonialzeit entstanden war und an der sich eine lebhafte Diskussion unter Intellektuellen über ein *taiwanisches Bewusstsein* entzündete.

2 Eine oft zitierte Definition von nationaler Identität stammt von dem britischen Historiker Anthony Smith, der sie als ein kulturelles und soziales Phänomen bezeichnete, «das aus dem Zusammenspiel einer Reihe von historischen, politischen und wirtschaftlichen Faktoren entsteht und eine gemeinsame Zugehörigkeit und Bindung zu einem bestimmten Territorium, Volk und Kultur widerspiegelt» (Anthony Smith, *National Identity*, London: Routledge, 1991, S. 1). Für Smith haben Nation bzw. nationale Identität somit verschiedene Quellen und er macht in seinen Büchern deutlich, dass der Nationsbildungsprozess immer sowohl auf objektive als auch auf subjektive Bezugsfaktoren rekurriert, die zu einem nationalen Narrativ kombiniert werden.

3 *Bentupai* ist ein Sammelbegriff für jene Parteimitglieder, die als *benturen* («einheimische Taiwaner») nicht der Gruppe der *waishengren*, also der «Festländer», angehören. Sie sind keine homogene oder gar organisierte Fraktion innerhalb der KMT. Tatsächlich ist ihr politischer Einfluss in der

Partei im Vergleich zu den restlichen Bastionen der Festländer und ihrer Nachkommen – vor allem in den dem Militär nahestehenden Parteiorganisationen und Mitgliederzirkeln – begrenzt. Denn auch wenn die Festländer nur eine kleine Minderheit von Parteimitgliedern und -anhängern binden, ist diese politisch straff organisiert und vermag sehr viele Wählerstimmen zu mobilisieren.

4 Entsprechend äußerte sich der chinesische Botschafter in Frankreich, Lu Shaye, im Mai 2022.

### *10. Der sino-taiwanische Souveränitätskonflikt*

1 Neben der Hauptinsel Taiwan gehören insgesamt 63 weitere Inseln bzw. Inselgruppen zu Taiwan, die meisten davon unbewohnt. Dabei beträgt die geringste Entfernung zwischen den Matsu-Inseln und dem chinesischen Festland 19 Kilometer; im Fall der Kinmen-Inseln sind es sogar nur zwei Kilometer.

2 Benannt ist die Schlacht nach einem Ort an der Nordseite von Kinmen, wo die ersten Boote der VBA in den frühen Morgenstunden des 25. Oktober anlandeten. Die gesamte Operation war schlecht vorbereitet und traf auf gut organisierte nationalchinesische Truppenverbände, die dort in Erwartung einer Invasion stationiert worden waren. Der Invasionsversuch endete für die VBA in einem Desaster: Alle Soldaten wurden getötet oder kamen in nationalchinesische Kriegsgefangenschaft.

3 Anfang September 1954 begann die Volksbefreiungsarmee mit Bombardierungen von Kinmen und weitete diese im November auf die der Provinz Zhejiang vorgelagerten, damals noch von der Republik China kontrollierten Dachen-Inseln aus. Daraufhin empfahl der Vereinigte Generalstab der US-Streitkräfte Präsident Eisenhower den Einsatz von Nuklearwaffen gegen die Volksbefreiungsarmee, was dieser jedoch ablehnte. Mit dem Abschluss des *Sino-American Mutual Defense Treaty* am 2. Dezember 1954 bekannten sich die USA zur Verteidigung Taiwans und aller vorgelagerten Inseln in der Taiwanstraße – nicht aber der noch immer nationalchinesisch kontrollierten Inselgruppen außerhalb davon. Diese, neben den Dachen- handelte es sich zudem um die Yijiangshan-Inseln, wurden im Januar 1955 von VBA-Truppen eingenommen. Die US-Streitkräfte halfen lediglich bei der Evakuierung der Truppen von Chiang Kaishek. In den folgenden Monaten ebbten die Spannungen allmählich ab (Erste Taiwanstraßen-Krise). Die Zweite Taiwanstraßen-Krise, auch Quemoy-(Kinmen-)Krise genannt, wurde durch einen vergeblichen Versuch von VBA-Truppen im August 1958 ausgelöst, eine kleine, zur Kinmen-

Gruppe gehörende Insel (Dongding) zu besetzen. Danach begannen die chinesischen Streitkräfte mit massiven Bombardierungen der stark befestigten Inseln Kinmen und Matsu. Wieder erwogen die USA den Einsatz von Nuklearwaffen. Aber ihre Intervention beschränkte sich letztlich auf die Eskortierung und militärische Absicherung zur See und aus der Luft von nationalchinesischen Versorgungsschiffen nach Kinmen. Schließlich verkündete die chinesische Regierung am 6. Oktober einen einseitigen Stopp der Bombardierung. Die Krise war allerdings erst im folgenden Dezember beendet, als Peking und Taipei dazu übergingen, ihre deutlich reduzierten Artillerieangriffe im Wechsel jeweils an geraden und ungeraden Tagen fortzusetzen. Dieser Praxis wurde erst 1979, dem Jahr der Aufnahme diplomatischer Beziehungen zwischen Washington und Peking, von Deng Xiaoping ein Ende gesetzt.

4 Kurz vor der entscheidenden Abstimmung war ein Antrag der USA auf Anerkennung einer staatlichen Doppelvertretung Chinas in der VN-Vollversammlung gescheitert. Der entscheidende Passus der Resolution 2758 lautet wie folgt: «Die Vollversammlung der Vereinten Nationen [...] beschließt, all die Rechte der Volksrepublik China zu restituieren und die Vertreter ihrer Regierung als die einzigen legitimierten Vertreter Chinas in den Vereinten Nationen anzuerkennen und von nun ab die Vertreter Chiang Kai-sheks von dem Platz zu entfernen, den sie zu Unrecht in den Vereinten Nationen und all ihren Organisationen einnehmen.»

5 Laut Artikel 6 Abs. 1 der VN-Charta (in Verbindung mit Artikel 27 Abs. 3) ist der Ausschluss eines Mitglieds der Vereinten Nationen möglich, das beharrlich gegen die in der Charta niedergelegten Grundsätze verstoßen hat. Der Ausschluss erfolgt durch die Generalversammlung auf Empfehlung des VN-Sicherheitsrates mit einer qualifizierten Mehrheit von neun der 15 Mitglieder, wobei alle Vertreter der ständigen Mitglieder des Sicherheitsrates – die USA, England, Frankreich, Russland und China – zustimmen müssen. Dies ist bisher noch nie geschehen. Wenn die USA also damals ihr Veto eingelegt hätten, hätte die Republik China formal nicht aus den Vereinten Nationen ausgeschlossen werden können. Doch Chiang Kai-shek und die KMT-Führung lehnten eine chinesische Doppelstaatsvertretung ab.

6 Offizielle diplomatische Beziehungen nahmen beide Länder allerdings erst zum 1. Januar 1979 auf.

7 Besonders bedeutsam für die zukünftigen sino-taiwanischen Beziehungen wurde die «Taiwan-Klausel» des Schanghaier Kommuniqués, die – abweichend vom Wortlaut der meisten anderen durch Drittstaaten mit Peking vereinbarten «Taiwan-Klauseln» – lautet: «The United States ack-

nowledges that all Chinese on either side of the Taiwan Strait maintain there is but one China and Taiwan is a part of China. The United States Government does not challenge that position. It reaffirms its interest in a peaceful settlement of the Taiwan question by the Chinese themselves.» Ob die USA die chinesische Position bezüglich ihrer Souveränität über Taiwan teilen, ist in diesem, für die US-amerikanische Chinapolitik bis heute maßgeblichen Dokument mit der gewählten Formulierung somit bewusst offengelassen worden, da das Wort *acknowledge* weniger Verbindlichkeit ausdrückt als das Wort *recognize*.

8 Die Erosion der Herrschaftslegitimation der KMT in Taiwan wurde durch die *Diaoyutai*-Krise (Territorialstreitigkeiten mit Japan um ein Inselarchipel im Ostchinesischen Meer) und eine dadurch ausgelöste nationalistisch motivierte Welle der Kritik liberaler Intellektueller und Studenten an der KMT-geführten Regierung in den Jahren 1971–73 sowie durch die Ölkrise 1973 zusätzlich verstärkt.

9 Der TRA ist kein bilateraler Vertrag, sondern ein US-amerikanisches Gesetz, mit dem Washington seine Beziehungen zu Taipei nach dem Abbruch der diplomatischen Beziehungen auf eine neue Grundlage stellte. In ihm sichern die USA Taiwan die Einhaltung aller zuvor eingegangenen Verpflichtungen zu, mit Ausnahme der Sicherheitszusagen des 1954 zwischen den USA und der Republik China unterzeichneten Verteidigungsvertrags (*Mutual Defense Treaty*), der zum 1. Januar 1980 auslief. Der TRA gibt Taiwan somit lediglich ein Sicherheits*versprechen*, aber keine Sicherheits*garantie*.

10 Die auf den deutschen Diplomaten Walter Hallstein zurückgehende Doktrin bildete in den Jahren 1955 bis 1969 die Grundlage der westdeutschen Außenpolitik in der Frage des Verhältnisses der Bundesrepublik zur DDR. Ihr zufolge betrachtete sich die Bundesrepublik als die einzig legitime Vertreterin des deutschen Volkes. Die Bundesrepublik sah es nach der Doktrin als «unfreundlichen Akt» an, wenn dritte Staaten (mit Ausnahme der Sowjetunion) die DDR völkerrechtlich anerkannten, mit ihr diplomatische Beziehungen aufnahmen oder aufrechterhielten. Danach erkannte Bonn die außenpolitische Souveränität Ost-Berlins an. Dies war die Voraussetzung für eine Mitgliedschaft beider deutscher Staaten in den Vereinten Nationen ab 1973.

11 Nach dem unerwarteten Schwenk von Honduras in Richtung Peking im März 2023 unterhält Taiwan derzeit offizielle Beziehungen zu lediglich 13 Staaten: Belize, Eswatini, Guatemala, Haiti, Vatikan («Heiliger Stuhl»), Marshall-Inseln, Nauru, Palau, Paraguay, St. Kitts and Nevis, Santa Lucia, St. Vincent und die Grenadinen und Tuvalu. Auch diese geringe Zahl ist

für die taiwanische Regierung jedoch wichtig, um ihren Anspruch auf anerkannte Staatlichkeit zu unterstreichen.

12 Erster Präsident der SEF wurde der Tycoon Koo Chen-fu (1917–2005), Vorstandsvorsitzender des KGI-Konzerns (auch: *China Trust Holding*).

13 Faktisch vertrat die Kuomintang damit die Position einer geteilten chinesischen Nation, ganz so wie die westdeutsche Bundesregierung bis zur Wiedervereinigung von einer geteilten deutschen Nation ausging.

14 Die Formel des «Konsensus von 1992» wurde vom KMT-Politiker Su Chi geprägt, der damit – nach eigener Aussage – die Differenzen zwischen der im Jahr 2000 ins Amt gelangenden, neuen DFP-Regierung unter Chen Shui-bian einerseits und der Regierung in Peking andererseits überbrücken wollte.

15 Am 18. September 1973 wurden die westdeutsche Bundesrepublik und die ostdeutsche DDR Mitglied in den Vereinten Nationen. Dabei hielt Westdeutschland am Ziel der Wiedervereinigung fest, Ostdeutschland hingegen ging von einer endgültigen Teilung Deutschlands in zwei souveräne Nationalstaaten aus.

16 Im entscheidenden Passus heißt es dazu in der Resolution: «Taiwan ist ein unabhängiger souveräner Staat, dessen Gerichtsbarkeit auf das Gebiet von Taiwan, Penghu, Kinmen und Matsu und seine zugehörigen Inseln sowie seine territorialen Gewässer und angrenzenden Gewässer im Einklang mit internationalem Recht beschränkt ist. Obwohl Taiwan unter der derzeitigen Verfassung als Republik China bezeichnet wird, gehört es weder zur VR China noch gehört die VR China zu Taiwan. Änderungen im Status quo der Unabhängigkeit müssen von allen Einwohnern Taiwans durch ein Referendum entschieden werden.»

17 In Artikel 4 des Anti-Sezessionsgesetzes heißt es: «Die Regierung der Volksrepublik China setzt sich für Frieden, Entwicklung und Zusammenarbeit über die Taiwanstraße hinweg ein und wird niemals auf den Einsatz von Gewalt verzichten, um die Unabhängigkeit Taiwans zu verhindern.» Die Möglichkeit einer gewaltsamen Lösung der «Taiwanfrage» findet sich explizit auch in Artikel 8: «Die Streitkräfte und anderen Sicherheitsorgane der Volksrepublik China können auf Anordnung der zuständigen Behörden Maßnahmen ergreifen, um die Sezession Taiwan Islands zu verhindern, oder um auf eine ernsthafte Gefahr eines solchen Ereignisses zu reagieren. Diese Maßnahmen können unter anderem militärische Maßnahmen, Wirtschaftsmaßnahmen und andere notwendige Maßnahmen umfassen.»

18 Hierzu sagte die Präsidentin das Folgende: «Also rufe ich hier China dazu auf, dass es sich der Realität des Bestehens der Republik China (Taiwan)

stellen muss; dass es das Engagement der 23 Millionen Menschen Taiwans für Freiheit und Demokratie respektieren muss; dass es die Differenzen zwischen den beiden Seiten der Taiwanstraße friedlich und auf der Grundlage von Gleichheit behandeln muss; und dass es Regierungen oder von Regierungen autorisierte Agenturen sein müssen, die Verhandlungen führen. Diese «vier Muss» sind die grundlegenden und entscheidenden Grundlagen, die darüber entscheiden werden, ob sich die Beziehungen zwischen beiden Seiten der Taiwanstraße in eine positive Richtung entwickeln werden.»

19 Die Tabelle ist inspiriert von einer ähnlichen Aufstellung von Chen Yu-jie (2022) «One China» Contention in China-Taiwan Relations: Law, Politics and Identity, in: *China Quarterly*, Nr. 252, S. 1038.

20 Zitiert werden hier, wie auch weiter oben zur Identitätsfrage, die Ergebnisse der Umfragen des *Election Study Center* der National Chengchi University, die bereits über einen sehr langen Zeitraum durchgeführt und international breit rezipiert bzw. zitiert werden.

21 Nach offiziellen Zahlen des *Taiwan Affairs Office* der chinesischen Regierung wurden zwischen 2011 und 2021 auf dem Festland taiwanische Investitionen in Höhe von 71,3 Mrd. US-Dollar getätigt. Offizielle Zahlen zu diesen Kapitalströmen, egal ob sie in der VR China oder Taiwan erhoben werden, erfassen jedoch längst nicht alle taiwanischen Investitionen. Vor allem in den ersten beiden Dekaden des «Aufbruchs» taiwanischer Unternehmer in Richtung China wurde viel Geld auf verschlungenen Wegen, meistens aus einem Drittland, transferiert.

22 Die taiwanischen Investitionen in China sinken tendenziell seit 2010, vor allem als Folge schwierigerer wirtschaftlicher Rahmenbedingungen für taiwanische Unternehmen aufgrund struktureller Wandlungsprozesse in der chinesischen Wirtschaft. Interessanterweise stiegen sie in den ersten beiden Pandemiejahren 2020 und 2021 – gegen den internationalen Trend – leicht an, bevor sie 2022 erneut abfielen.

23 Die chinesische Regierung bemüht sich in diesem Kontext seit einigen Jahren, durch eine Reihe von präferenzpolitischen Maßnahmen die Kapital- und Arbeitsmigration von Taiwan in Richtung chinesisches Festland kontinuierlich zu verstärken. So wurde 2018 ein Paket von 31 Maßnahmen zur Förderung der wirtschaftlichen und kulturellen Kooperation zwischen den beiden Seiten der Taiwanstraße verabschiedet, das in den folgenden Jahren immer wieder um weitere Fördermaßnahmen ergänzt wurde, wobei auf der lokalen Ebene noch zusätzliche Programme aufgelegt wurden. So sollen taiwanische wie chinesische Unternehmen behandelt werden und u.a. gleichen Zugang zu den chinesischen Güter- und

Dienstleistungsmärkten sowie zu Bankkrediten und den Finanzierungsangeboten von Fondsgesellschaften bekommen. Taiwanerinnen und Taiwaner können chinesische (Aus-)Bildungszertifikate erwerben, die ihnen einen freien Zugang zum chinesischen Arbeitsmarkt erlauben. Zudem wurden landesweit Inkubatoren für taiwanische Start-ups eingerichtet, die finanzielle Hilfen für den Markteintritt und marktrelevante Informationen bereitstellen. Auch die soziale Integration von taiwanischen Familienmitgliedern spielt bei diesen Programmen eine wichtige Rolle.

24 Taiwan ist mit einem Weltmarktanteil von ca. 60 Prozent führend in der Produktion von Chips und stellt ca. 90 Prozent der am weitesten entwickelten Chipgenerationen her. Auch bei der dritten Säule der Chipindustrie, Verpackung und Testung, liegt das Land mit knapp 60 Prozent Weltmarktanteil vorn. Selbst beim Design von Chips hält Taiwan einen globalen Marktanteil von 20 Prozent. Dabei konzentriert sich die taiwanische Halbleiterproduktion auf das 1987 gegründete Unternehmen *Taiwan Semiconductor Manufacturing Company* (TSMC).

25 Unter der «Einheitsfront» (*United Front*) versteht man im chinesischen Politjargon die Zusammenarbeit der KP China mit anderen politischen Parteien, sozialen Organisationen, ethnischen Minderheiten, religiösen und gesellschaftlichen Gruppen, Geschäftsleuten und Intellektuellen, um sie in die politische Agenda der Partei einzubinden. Durch die Einbeziehung dieser Gruppen möchte die KP China eine breitere Unterstützung gewinnen, politischen Widerstand reduzieren und ihre eigene politische Dominanz ausbauen. In Bezug auf Taiwan bedeutet dies, mit jenen politischen und gesellschaftlichen Kräften auf der Insel zusammenzuarbeiten, die sich einer chinesischen «Wiedervereinigung» verschrieben haben oder aus opportunistischen Gründen mit Peking kooperieren.

26 Immerhin wurden jene Bestimmungen des *Taiwan Policy Act*, die sich auf den Erwerb US-amerikanischer Militärgüter durch Taiwan bezogen und Taiwan dabei finanziell entlasten sollten, Teil des *2023 National Defense Authorization Act*. Doch bei der Zuweisung der entsprechenden Gelder für dieses Gesetz durch den US-Kongress wurde der Taiwan betreffende Anteil drastisch zusammengestrichen. Somit blieb vom *Taiwan Policy Act* nicht viel übrig – ein Hinweis auf die kontroverse Debatte der Taiwan-Problematik in der US-amerikanischen Politik, ungeachtet aller politischen Lippenbekenntnisse Washingtons im Hinblick auf eine Unterstützung der Inselrepublik in ihrem Konflikt mit Peking. Ich bedanke mich bei meinem Kollegen Richard Bush von der Brookings Institution für diese Informationen.

# Weiterführende Literatur

Im Folgenden werden Literaturempfehlungen zu den Hauptthemen dieses Buches gegeben. Dabei beschränke ich mich auf Monografien und Sammelbände und berücksichtige nicht nur jüngere Publikationen, sondern schließe auch ältere Werke ein, die meines Erachtens bis heute mit großem Gewinn für das Verständnis der taiwanischen Geschichte, Politik, Wirtschaft und Gesellschaft gelesen werden können.

### *Taiwan bis zum Ende der japanischen Kolonialzeit*

Chou, Wan-Yao (2015) *A New Illustrated History of Taiwan*. Taipei: SMC Publishing.

Davidson, James W. (1988) *The Island of Formosa: Past and Present*. New York: Oxford University Press.

Goddard, William G. (1966) *Formosa. A Study in Chinese History*. West Lansing: Michigan University Press.

Hung, Chien-Chao (2011) *A New History of* Taiwan. Taipei: Central News Agency.

Kerr, George H. (1965) *Formosa Betrayed*. Boston: Houghton Mifflin.

Kerr, George H. (1974). *Formosa: Licensed Revolution and the Home Rule Movement, 1895–1945*. Honolulu: University Press of Hawaii.

Rubinstein, Murray (Hg.) (1999) *Taiwan. A New History*. Armonk/N. Y.: M. E. Sharpe.

Rutter, Owen (1923, 1995) *Through Formosa. An Account of Japan's Island Colony*. Taipei: SMC Publishing Inc.

Shepherd, John E. (1993) *Statecraft and Political Economy on the Taiwan Frontier, 1600–1800*. Stanford: Stanford University Press.

### *Taiwan bis zum Ende der autoritären KMT-Herrschaft*

Gold, Thomas B. (1986) *State and Society in the Taiwan Miracle*. Armonk-London: M. E. Sharpe.

Huang, Chun-Chieh (2006) *Taiwan in Transformation, 1985–2005*. New Brunswick: Transaction.

Kuo, Shirley W. Y., Fei, John C. H. und Ranis, Gustav (1981) *The Taiwan Success Story. Rapid Growth with Improved Distribution in the Republic of China 1952–1979*. Boulder: Westview Press.

Manthorpe, Jonathan (2005) *Forbidden Nation. A History of Taiwan*. New York: Palgrave.

Peng, Ming-min (1994) *A Taste of Freedom. Memoirs of a Formosan Independence Leader*, 2. Auflage, New York: Holt, Rinehart and Winston, Inc.

Rigger, Shelley (2011) *Why Taiwan Matters. Small Island, Global Powerhouse*. Lanham: Rowman & Littlefield.

Schubert, Gunter (1994) *Taiwan – die chinesische Alternative. Demokratisierung in einem ostasiatischen Schwellenland (1986–1993)*. Mitteilungen des Instituts für Asienkunde Hamburg, Nr. 237: Hamburg.

Wade, Robert (1990) *Governing the Market: Economic Theory and the Role of Government in East Asian Industrialization*. Princeton: Princeton University Press.

Weggel, Oskar (1991) *Die Geschichte Taiwans. Vom 17. Jahrhundert bis heute*. Köln-Weimar-Wien: Böhlau.

### *Taiwan nach der demokratischen Transition*

Ash Bob, Garver, John W. and Prime, Penelope B. (2011) *Taiwan's Democracy. Economic and Political Challenges*. Abingdon: Routledge.

Beckershoff, André und Schubert, Gunter (Hg.) (2018) *Assessing the Presidency of Ma Ying-Jiu in Taiwan. Hopeful Beginning, Hopeless End?* London-New York: Routledge.

Blundell, David (Hg.) (2011) *Taiwan Since Martial Law. Society-Culture-Politics-Economy*. Berkeley: University of California Press.

Dickson, Bruce J. und Chao, Chien-min (2002) (Hg.) *Assessing the Lee Teng-Hui Legacy in Taiwan's Politics. Democratic Consolidation and External Relations*. New York: M. E. Sharpe.

Fell, Dafydd (2018) *Government and Politics in* Taiwan. Abingdon-New York: Routledge.

Fuller, Douglas B. (2016) *Paper Tigers, Hidden Dragons. Firms and the Political Economy of China's Technological Development*. Oxford: Oxford University Press.

Goldstein, Steven M. (2008) *The Administration of Chen Shui-bian*. Norwalk: East Bridge.

Ho, Ming-Sho (2019) *Challenging Peking's Mandate of Heaven. Taiwan's Sunflower Movement and Hong Kong's Umbrella Movement*. Philadelphia: Temple University Press.

Jacobs, J. Bruce (2012) *Democratizing Taiwan*. Leiden: Brill.

Lee, Teng-Hui (1999) *The Road to Democracy. Taiwan's Pursuit of Identity*. Tokio: PHP Institute.

Mattlin, Mikael (2018) *Politicized Society. Taiwan's Struggle with Its One-Party Past*. Kopenhagen: NIAS.

Schubert, Gunter (Hg.) (2016) *Routledge Handbook of Contemporary Taiwan*. Abingdon-New York: Routledge.

Schubert, Gunter und Lee, Chun-Yi (Hg.) (2022) *Taiwan During the First Administration of Tsai Ing-Wen: Navigating in Stormy Waters*. Abingdon-New York: Routledge.

Teufel Dreyer, June und deLisle, Jacques (Hg.) (2023) *Taiwan in the Era of Tsai Ing-wen: Changes and Challenges*. Abingdon: Routledge.

### Taiwanische Identität

Brown, Melissa J. (2004) *Is Taiwan Chinese? The Impact of Culture, Power, and Migration on Changing Identities*. Berkeley: University of California Press.

Ching, Leo (2001) *Becoming «Japanese»: Colonial Taiwan and the Politics of Identity Formation*. Berkeley: University of California Press.

Fell, Dafydd, Jacobs, J. Bruce und Kang, Peter (Hg.) (2017) *Changing Taiwanese Identities*. London-New York: Routledge.

Fleischauer, Stefan (2008) *Der Traum von der eigenen Nation. Geschichte und Gegenwart der Unabhängigkeitsbewegung Taiwans*. Wiesbaden: VS Verlag für Sozialwissenschaften.

Jacobs, J. Bruce und Kang, Peter (Hg.) (2017) *Changing Taiwanese Identities*. Abingdon: Routledge.

Schubert, Gunter und Damm, Jens (Hg.) (2011) *Taiwanese Identity in the Twenty-first Century: Domestic, Regional and Global Perspectives*. Abingdon-New York: Routledge.

### Der sino-taiwanische Souveränitätskonflikt

Beckershoff, André (2023) *Social Forces in the Re-Making of Cross-Strait Relations: Hegemony and Social Movements in Taiwan*. Abingdon: Routledge.

Bush, Richard C. (2021) *Difficult Choices. Taiwan's Quest for Security and the Good Life*. Washington D.C.: Brookings.

Chiang, Frank (2018) *The One-China Policy: State, Sovereignty and Taiwan's International Legal Status*. Amsterdam: Elsevier.

Cole, Michael J. (2017) *Convergence or Conflict in the Taiwan Strait*. Abingdon-New York: Routledge.

Cole, Michael J. (2020) *Cross-Strait Relations Since 2016: The End of the Illusion*. Abingdon: Routledge.

Dittmer, Lowell (Hg.) (2017) *Taiwan and China. Fitful Embrace*. Oakland: University of California Press.

Goldstein, Steven M. (2015) *China and Taiwan*. Cambridge: Polity Press.

Schubert, Gunter (Hg.) (2016) *Taiwan and the China Impact. Challenges and Opportunities*. London-New York: Routledge.

Sullivan, Jonathan und Lee, Chun-Yi (Hg.) (2018) *A New Era in Democratic Taiwan: Trajectories and Turning Points in Politics and Cross-Strait Relations*. Abingdon: Routledge.

# Tabellen- und Abbildungsverzeichnis

# Personenregister

# Ortsregister

# Karten

Tungyin Tao
Liang Tao
Peikan-tang Tao
Matsu Tao
Fuzhou
Paichüan Liehtao
CHINA
Haitan Dao
Straße von Taiwan
Wu-chiu Yü
Xiamen (Amoy)
Chinmen
Quemoy
Hsiao-chin-men Tao
Ta-tan Tao
Tung-ting Tao
Von Taiwan verwaltet
TAIWAN
Yüanli
Fengyüan
Taichung
Ost-chinesisches Meer
Pengchia Yü
Keelung/Chilung
Tanshui/Tansui
Taipei/Taihoku
Taoyuan
Panchiao
Yilan
Hsinchu
Neiwan
Chunan
Suao
Miaoli
Yüanli
Straße von Taiwan (Formosastraße)
Fengyüan
Hsincheng
Taichung
Changhua
Hualien
Lukang
Nantou
Checheng
TAIWAN
Touliu
Pescadores Channel
Philippinensee
Penghu (Pescadores)
Makung
Chiayi/Kagi
Yüli
Hsinying
Pachao Yü
Chishang (Taitung)
Cheng-kung-chen
Chimei Yü
Tainan
Chishan
Taitung
Kangshan
Lüdao/Lütao (Grüne Insel)
Pingtung
Kaohsiung/Takao
Fengshan
Süd-chinesisches Meer
Fangliao
Tawu
Liuchiu Yü
Lanyü
Hengchun
O-luan Pi
0 30 60 90 km
1 Chilung Shih
2 Taipei Chuan Shih
3 Taipei
4 Taoyuan
5 Hsinchu Shih
6 Hsinchu
7 Yilan
8 Miaoli
9 Taichung
10 Taichung Shih
11 Changhua
12 Nantou
13 Hualien
14 Yünlin
15 Chiayi Shih
16 Chiayi
17 Tainan Shih
18 Kaohsiung
19 Taitung
20 Kaohsiung Chuan Shih
21 Pingtung

RUSSLAND
RUSSLAND
Amur
HEILONGJIANG
Harbin
MONGOLEI
JILIN
Changchun
INNERE MONGOLEI
(Autonome Region)
Japanisches Meer
Shenyang
LIAONING
DEMOKR. VR. KOREA
Pyongyang
Hohhot
Beijing
Bo Hai
Dalian
Seoul
Tianjin
Datong
HEBEI
REP. KOREA
JAPAN
Taiyuan
Shijiazhuang
Gelbes Meer
Jinan
Qingdao
SHANXI
SHANDONG
(Gelber Fluss)
Linfen
Zhengzhou
Luoyang
JIANGSU
Xi'an
HENAN
SHAANXI
Nanjing
CHINA
Hefei
Shanghai
ANHUI
Hangzhou
HUBEI
Wuhan
Yangzi
Ost-chinesisches Meer
ZHEJIANG
Chongqing
Nanchang
Changsha
JIANGXI
Fuzhou
HUNAN
Taipei/Taihoku
FUJIAN
Straße von Taiwan
GUIZHOU
TAIWAN
Guiyang
PAZIFISCHER OZEAN
GUANGXI
(Autonome Region)
GUANGDONG
Philippinensee
Guangzhou (Kanton)
Liuzhou
Macau
Hongkong
Nanning
Hanoi
Süd-chinesisches Meer
Haikou
VIETNAM
Hainan
PHILIPPINEN
0
200
400
600 km

Aus dem Verlagsprogramm

## China bei C.H.Beck

Matthias Naß

**Kollision**

China, die USA und der Kampf um die weltpolitische Vorherrschaft im Indopazifik

1. Auflage. 2023. 282 Seiten mit 22 Abbildungen und 2 Karten. gebunden

Klaus Mühlhahn

**Geschichte des modernen China**

Von der Qing-Dynastie bis zur Gegenwart

Historische Bibliothek der Gerda Henkel Stiftung

2. Auflage. 2022. 760 Seiten mit 34 Abbildungen und 25 Karten. Leinen

Daniel Leese

**Maos langer Schatten**

Chinas Umgang mit der Vergangenheit

2020. 606 Seiten mit 25 Abbildungen und 1 Karte. Gebunden

Daniel Leese, Ming Shi

**Chinesisches Denken der Gegenwart**

Schlüsseltexte zu Politik und Gesellschaft

Edition der Carl Friedrich von Siemens Stiftung

2023. 640 Seiten. Broschiert

Konfuzius

**Gespräche**

Neu übersetzt und kommentiert von Hans Ess

2023. 816 Seiten mit 24 Abbildungen und 1 Karte. Gebunden